OKR

シリコンバレー式で
大胆な目標を達成する方法

Radical Focus
Achieving
Your Most Important Goals with
Objectives and Key Results

クリスティーナ・ウォドキー 著
二木夢子 訳　及川卓也 解説

日経BP社

RADICAL FOCUS by Christina Wodtke

All illustrations created by Christina Wodtke
Japanese translation published by arrangement with
Christina Wodtke through The English Agency (Japan) Ltd.

まえがき

パフォーマンスは結果で測る。

マーティ・ケイガン
シリコンバレー・プロダクト・グループ創業者（www.svpg.com）

ヒューレット・パッカード（ＨＰ）の黄金期に同社のエンジニアとしてキャリアをスタートできたのは、私にとってきわめて幸運だった。ＨＰ社が、「業界で最も長きにわたり、イノベーションを起こし、実行力を発揮しつづけている例」として、その名をとどろかせていた時代だ。そこで私は、当時ＨＰ社が社内で実施していたエンジニア管理の研修プログラム「ＨＰ Ｗａｙ」の一環として、ＭＢＯ（Management by Objectives、目標による管理）という手法を教わった。

MBOのコンセプトはシンプルで、2つの基本原則に基づいている。ひとつめは、ジョージ・パットン将軍の名言を借りると簡潔に表現できる。

「伝えるべきは、〝どうやるか〟ではない。〝何を求めているか〟だ。そうすれば、思いがけない成果を得られるだろう」

2つめは、当時のHP社の標語そのものだ。

「パフォーマンスは結果で測る（When Performance Is Measured By Results）」

つまり、どんな機能を盛り込んだところで、その背後にあるビジネス上の問題を解決できないのなら、なにひとつ解決していないのと同じ、ということだ。

第一の原則は、みんなのモチベーションを高めて最高の仕事をしてもらう方法、第二の原則は、有意義な形で進捗を測る方法と言える。

私がHP社にいた頃とはさまざまなことが変わった。テクノロジーは劇的に進歩し、エンジニアが構築するシステムのスケールと適用範囲はケタ違いに大きくなった。チームが動くスピードは大幅にアップし、品質とパフォーマンスも劇的に向上した。そして、なにもかも、はるかに低コストで実現できるようになった。しかし、先ほど挙げた2つのパフォーマンス管理の原則は、今でも優れた企業やチームの運営基盤として利用されている。

これまでの長い年月をかけて、さまざまな企業がMBOシステムに改良を加えてきた。特にめざましい役割を果たしたのがインテルだ。そういった過程をへて、今私たちが使っているパフォーマンス管理システムを、ＯＫＲ（Objectives and Key Results、目標と主な結果）という。

ただ残念なことに、昔も今も、ほとんどのチームがこの原則にきちんと従っていない。経営幹部もその他の利害関係者も、四半期ごとに機能やプロジェクトの〝ロードマップ〟を考え出しては、トップダウン方式でプロダクト・チームに伝えるばかり。背後にあるビジネス上の問題の解決方法を教えてしまう。チームはただ詳細を詰め、コーディングとテストしかしない。つまり、背景をほとんど理解しないまま、それが本当に正しい解決策なのかどうかもよくわからないままに仕事をすることになる。現代のチームのほとんどは〝機能の工場〟になっていて、その機能が実際に根本的な問題を解決するのかどうかを考えていない。進捗は、結果《アウトカム》ではなく生産量《アウトプット》で評価される。

本書のねらいは、すべての人や組織がトップクラスと同じような運営をできるよう、手助けすることだ。ここで紹介するＯＫＲという手法は、６万人の従業員を抱える大企業から、社員わずか３人のスタートアップまで、さまざまな企業で採用され、見事に結果を出してきている。規模にかかわらず、優秀な人材の採用に心血を注いでいる組織なら、このシステムが社員のポテンシャルを解き放つのに大いに役立つだろう。

目次

第2部 OKRのフレームワーク

イントロダクション

本を出した経験のある作家なら、誰もがうんざりしていることだろう。つかつかと歩み寄ってきて、「アイデアがある」と言ってくる人たちに。なんでも、ものすごいアイデアだという。本当にすばらしいから、あなたも実現にひと役買っていただけませんか、というわけだ。提案はいつも同じ。その人がアイデアを伝授し（難しい部分）、あなたがアイデアを文字に起こして小説にし（やさしい部分）、あがりは折半でどうでしょう、と。

――ニール・ゲイマン（作家・漫画原作者）のエッセイ『アイデアはどこから来るのか』（Where Do You Get Your Ideas?）より

シリコンバレーで長年過ごす中で、私も作家のニール・ゲイマンと似たような経験をしてきた。打ち合わせで、初対面の起業家が〝すごいアイデア〟があると言って、NDA（秘密保持契約書）にサインを求めてくる。こういう人は、〝貴重で驚くべきアイデア〟を出した時点で難しい仕事はもう終わったと信じ切っている。あとはプログラムを書くだけ、だ、と。

ここでたいていはお断りする。ほとんどのアイデアは、秘密保持契約書と同じく、それが印刷されている紙ほどの価値もない。

新しいアイデアなんてめったにない。実際、よく知らない業界でもないかぎり、思いもよらないアイデアに出合うのは稀だ。それは、私が天才だからではない（事実、天才ではない）。アイデアを考えつくのは、あなたが思っているよりもずっとやさしいからだ。難しいのは――本当に難しいのは――アイデアを現実に落とし込むことだ。アイデアの適切な形、つまり消費者が価値を認め、使い方を理解し、胸を躍らせて金を払うような形にするのは、実に難しい。

あまりに難しいので、たいていはチームが要る。ここで、難しさのレベルがさらに上がる。なにしろ、その仕事にふさわしい人を採用する方法を見つけ、採用された人がひとり残らず正しい目標に集中するように仕向けなければならないのだ。しかも、おもしろい（そして、儲かる）ことがほかにいくらでもあるこの世の中で、そもそもどうしてそのチームに加わったのかを忘れる人が出ないようにしなければならない。

作家、ミュージシャンなどは、たしかに彼らも苦労は多いだろうが、しょせん自分だけを管理すればいい。一方、映画監督や起業家にはもっと大きな課題がある。それでも、圧倒的に分の悪い戦いをどうにか制し、アイデアを形にしている人たちもいる。ほとんどの人が〝アイデアがある〟だけの段階を越えられない中で、どうやっているのだろう。

アイデアを保護するのは重要ではない。アイデアを現実に落とし込む時間を確保するのが重要だ。

世界中が気を散らそうとしているかのような状況下で、あなたと、あなたのチームが常にゴールを目指せるようなシステムが必要になる。

私が用いるシステムは、３つのシンプルな部分でできている。

第一に、人を鼓舞し、効果を測定できるようなゴールを設定すること。

第二に、やることがほかにどれだけあっても、自分とチームが常に望ましい最終形態に向けて進むようにすること。

第三に、チームのメンバーが目標を忘れず、かつ各メンバーが責任を自覚できるような習慣をつくりだすこと……である。

人を鼓舞し、効果を測定できるゴール

私はゴール設定にＯＫＲを使っている。本書では、このＯＫＲについて詳しく説明す

る。簡単に紹介すると、OKRはインテルで始まったシステムで、これまでにグーグル、ジンガ［ソーシャルゲーム］、リンクトイン［SNS］、ジェネラル・アッセンブリー［プログラミングスクール］などが導入して、迅速かつ継続的な成長を実現している。**Oは Objective（目標）、KRは Key Results（主な結果）**の略だ。Oは成し遂げたいこと（「大ヒットゲームを発売する」など）、KRはそれを実現できたかどうかを判断する指標だ（「1日2万5000ダウンロード」「1日5万円の売り上げ」など）。年単位や四半期単位でOKRを設定することによって、ビジョンに基づき会社をひとつにまとめる。

数字にこだわらない人を鼓舞して動かすのがO。数字にこだわる人に対してOの現実味を示してくれるのがKRだ。朝ベッドから飛び起きてやる気が湧いてくれれば、いいOを設定できているということだ。もしかしたら達成できないのではないか、と少し心配になれば、適切なKRだと言える。

アクションをゴールに結びつける

生産性システムを学びはじめてすぐ教わったのが、「アイゼンハワーのマトリックス」（重要・緊急性マトリックス）だ。4つの四角形と2つの軸からなるシンプルな図で、ひとつめの軸に「重要か、重要でないか」、2つめの軸に「緊急か、緊急でないか」をとる。

緊急かつ重要なタスクはもちろん時間を割いて実行すべきだ。そして、「緊急だが重要でない」タスクよりも、「緊急ではないが重要なタスク」に時間を割くべきだという。とはいえ、緊急なことは……やはり緊急だ。それを重要ではないからといって切り捨てるのは、心理的にきわめて難しい（誰かにせっつかれているとなると、なおさらだ）。そんなときには、「緊急ではないが重要なタスク」に期限を設定し、緊急にしてしまえばいい。

個人的な例から始めよう。あなたはジムに行くのが面倒なので、パーソナル・トレーナーと契約しようと思いたったとする。ところが、何週間たってもいっこうに契約できない。そこで、「健康維持」を四半期のO（目標）、「筋肉量の増加」「体重の増加」「情緒面の健康」をKR（主な結果）に定め、毎週月曜日に、ゴールに向けた3つのタスクを設定することにした。そのうちのひとつは「パーソナル・トレーナーに電話する」とでもなるだろう。次に、あなたがやり遂げられるよう見張ってくれる人を選ぶ。友達、コーチ、配偶者あたりがいい。彼らの手前、やり遂げないわけにはいかない、と思えるようになるからだ。

仕事でも、あらゆるタスクをゴールに結びつけられる。データベースの最適化、サイトの高速化、顧客満足度の向上、あるいは安っぽく見えないようにするためのブランドイメージの刷新など、いくつでも構わない。OKRはゴールを設定する。そして、毎週設定する優先事項は、ゴールを達成すべきだと思い出させてくれるのだ。

また、優先事項を毎週振り返れば、「どういう状況だと達成できるのか」がわかってくる。

そして、さらに重要な、「どういう状況だと達成できないのか」もわかる。私の経験によれば、見通しを誤る人は、2つのグループに分かれる。一方は、自分は何でもできると思っていて、「ここまでできる」と過剰に見積もってしまうタイプ。もう一方は、低すぎる目標（サンドバッグと呼ぶ）を設定するタイプだ。マネジャーは、部下の人となりを理解すれば、誰をせかすべきか誰を疑うべきかがわかってくる。また、こうして進捗を振り返ると、従業員自身も自分をもっとよく理解できるようになる。それだけでもすばらしい成果だ。

OKRの習慣

毎週、週の初めに優先事項を設定して公表するのも効果的だ。O（目標）を実現できるよう、チームとほかの社員に対してコミットする。毎週金曜日に、その週に達成したことを讃えて1週間を締めくくるのが、パフォーマンスの高いチームだ。この〝コミット〟と〝お祝い〟のペースによって、〝実行〟の習慣がつくられる。

金のリンゴに注意せよ

私は子どもの頃、ギリシャ神話のアタランテーの逸話が好きだった。アタランテーは女性ながらスパルタで一番の俊足だったが、結婚にはまるで興味がなかった。でも、時は中世よりさらに昔の古代ギリシャ。ただ「結婚しません」と言っても父親が許してくれない。そこでアタランテーは父親に頼んだ。徒競走で優勝した人と結婚する、ただし自分もその徒競走に参加させてほしい、と。アタランテーは自由がほしかった。父親は娘を満足させてやりたかったし、そもそも娘が優勝するとは思わなかったので、願いを聞き入れた。

競走の日、アタランテーは優勝争いに食い込むほどの速さを発揮した。しかし、ヒッポメネスという賢い男が金のリンゴを3個用意し、アタランテーに追い抜かされそうになるたびに、彼女の目の前にリンゴを投げた。アタランテーは毎回そのリンゴを拾っていたので、ヒッポメネスにわずかな差で負ける羽目になった。もし明確なゴールを設定してぶれずにそれを守ることができていたら、アタランテーは自由なまま、スパルタの指導者にだってなれたかもしれない。

スタートアップ企業はみんな金のリンゴでつまずく。重要な会議で講演をするチャンスが舞い込むかもしれない。大口の顧客が自社のためだけにソフトウェアを改良してほしいと依頼してくるかもしれない。あるいは、毒リンゴのような不良従業員がいて、経営者の足を引っ張るかもしれない。スタートアップのライバルは時間だ。そして、時宜を得た実行のライバルは〝脱線〟だ。

適切なゴールを設定して、毎週ゴールを目指して仕事をし、目標達成するたびに祝えば、企業は一直線に成長する。リンゴがどれだけ道に転がってこようと、問題にならない。

実行家の物語

本書では、ＯＫＲの重要性を理解しやすくするため前半は、あやうく失敗しかけた小さなスタートアップ企業の物語を話そう。夢想家としてスタートした、ハンナとジャックの話だ。ふたりはよいアイデアを思いつき、すべてがうまくいくよう願っていた。しかし、ほどなく思い知る。よいアイデアだけでは足りない。夢をかなえるためのシステムが必要なのだ、と。

物語の終わりには、ふたりはただの夢想家ではなく、実行家に成長する。

第1部

実行家の物語

THE EXECUTIONER'S TALE

第1部 「実行家の物語」の登場人物

ハンナ――高品質のお茶を生産者から仕入れ、高級レストランやカフェに販売するスタートアップ「ティービー」のCEO（最高経営責任者）。お茶が好きな中国系アメリカ人。

ジャック――ティービーの社長。紅茶が好きなイギリス人。ハンナとは、スタンフォード大学のカフェで出会い、ティービーを共同創業した。

ジム・フロスト――シリコンバレーのエンジェル投資家。ティービーに初めて投資してくれた。ハンナとジャックにアドバイスをする心強いメンター。

エリック――ティービーの主任プログラマー。お茶の生産農家を手助けするティービーに共感して入社した。

アーニャ――ティービーのデザイナー。

ラファエル――のちにティービーに入社するCTO（最高技術責任者）候補。

ハンナはデスクの前に座り、背中を丸めてキーボードに向かっていた。つややかなボブの黒髪で顔が隠れている。社員には、若きCEOが目の前のモニターに集中しているように映ったかもしれない。前の四半期の数字が目標から程遠かったので見直しているのだろう、と。しかし、ハンナは自分で開いたエクセルの数字をまったく見ていなかった。両手はキーボードの端に載ったまま動かない。ハンナはただ、そこに突っ伏してしまわないよう必死に耐えているだけだった。どうしてこうなってしまったのだろう。

成功できそうな市場は目の前にある。しかし、従来のやり方から抜け出し、市場をつかみ取る方法を見つけだせずにいる。パートナーは泣き言ばかりのへたれだ。新たに加わったCTO（最高技術責任者）は、なにやらあやしげな方法論を崇拝している。そんな中、ハンナはその短すぎるキャリアの中で初めて、解雇を言い渡さなければならないのだ。

本当に、なんで起業なんかしたのだろう。

創業の半年前……

むかしむかし、あるところに、スタートアップ企業があった。

小規模な生産者が職人芸で育てた茶葉を、高級レストランやこだわりのあるカフェに届けたい、というビジョンを持っていた。

創業者はハンナとジャックのふたり。ハンナは中国系アメリカ人一世で、実家で飲んでいたお茶が大好き。母はアリゾナ州フェニックスのダウンタウンで小さなレストランを経営していて、家族はみんなおいしい食べ物とお茶にこだわりがある。スタンフォード大学経営大学院で経営学を専攻したが、残念ながら、パロアルトではおいしいお茶を見つけられていない。おいしい食事のあとには香り高い龍井茶《ロンジン》を一杯いただきたいが、あきらめている。

一方、ジャックはイギリス人だ。ポーチドエッグは完璧につくれるのに、アールグレイが紅茶の種類だということも知らないカフェにうんざりしている。ハンナと同じスタンフォード大学の卒業生で、ヒューマン・コンピューター・インタラクション［入出力装置やバーチャル・リアリティなど、人間とコンピューターのやりとりを研究する学問」を専攻。鞄の中の本を減らしてくれたり、スペルミスを拾ってくれたりするようなテクノロジーの進化が好きだった。しかし、茶葉を小さな袋に入れたティーバッグという代物は気に入らなかった。ジャックにしてみれば、あんなものは進化ではない、というわけだ。

ある日、ハンナとジャックは大学の書店に併設されたカフェで出会った。ジャックは列に並びながら、ティーバッグを見てぼやいていた。後ろに並んでいたハンナが吹き出して、ハンドバッグから緑茶の缶を取り出して見せた。ふたりはすぐ友達になった。ハンナは小さい頃から起業すると決めていた。家族はみんな起業家だ。母親はレストラン、父親は会計事務所、叔母は法律事務所をそれぞれ経営している。遺伝子には〝起業〟の二文字が刻み込まれている。でも、どんな会社にするかまでは考えていなかった……ジャックと会うまでは。その春、ふたりはスタンフォードの起業コースを一緒に受講し、卒業してすぐに会社を興した。

ふたりには、優れた生産者がたくさんいるのはわかっていた。そこで、上質な茶葉の生産者と、コーヒーにはこだわっていてもお茶には自信がない高級レストランやカフェとをつなぐことにした。社名は「ティービー」に決定。スタンフォード大学卒の肩書きと人脈のおかげで、それなりの資金も調達できた。

ハンナはCEO（最高経営責任者）、ジャックは社長を名乗ったが、実際にはハンナが

ビジネス、ジャックが製品を担当した。オフィスは、家賃が手頃な国道101号線沿いで見つけた。そこでの最初の6カ月は幸せだった。オフィスの備品を揃え、ミーティングのたびにお茶を振る舞い、エンジニアを何人か採用した。ジャックは、生産者を検索しておいしいお茶を注文できる、美しいウェブサイトを立ち上げた。ハンナは地元のレストラン数軒の契約をとってきた。ジャックはハンナを説得して、魅力のあるロゴをつくるビジュアル・デザイナーを採用。さらに、財務の健全性を確保するために、パートタイムのCFO（最高財務責任者）まで雇った。オフィスには、キーボードを叩く音と従業員の声が小さくこだまするようになった。

ところが、ここでふたりは少し不安になってきた。とりあえずあと1年分の資金はあるものの、市場を確立するのに時間がかかりすぎている気がしたのだ。多くの小規模生産者と契約できたのに、買い手とはほとんど契約できていない。市場が偏っていては利益が上がらない。優れた創業者がよくやるように、ふたりは買い手の心理について理解を深めるため、自ら営業することにした。

ある日、ハンナは外食産業向けの食品納入業者から超大口の契約をとってきた。この納入業者は大小さまざまなレストランに紅茶、緑茶、缶詰、穀物や乾物、コーヒーなどを卸している。ジャックは喜んだが、同時に警戒もした。これは当初の計画になかったからだ。僕たちは、おいしいレストランとおいしいお茶を結びつけるために起業したはず。納入業者はお茶のことを考えているのだろうか。品質へのこだわりはあるのだろうか。

「あのね、ジャック」ハンナは溜息をついた。

「レストランはうちと取引したがらないの。私たちみたいな新参者は、信用されないわけ。納入業者なら試してくれるし、レストランにお茶を届けてくれる。生産者の売り上げも上がる。うまくいくか、とにかくやってみましょうよ」

CEOのハンナ、上客をもう1社見つけてくる

数日後、ハンナは母の名刺を利用して食品納入業者との契約をもう1社とってきた。オフィスの外にある駐車場に車を止め、生暖かい車内で手をキーに載せたまま、しばし考えた。ティービーのミッションは「お茶を愛する人に、よいお茶をお届けする」。派手とは言えないが、明確だ。レストランに売ろうが、納入業者に売ろうが、違いがあるだろうか。いや、あってはいけない。そう判断し、車のキーをポケットにしまってオフィスへ向かった。

さっきまで車内の居心地を悪くしていた日ざしによって、オフィスも暖まっていた。ハンナはハーマン・ミラーのチェアの背にブレザーを放り投げた。高級チェアと何枚かのホワイトボードは、資金が尽きたスタートアップのセールで買ったものだ。スタートアップはみな、過去の屍《しかばね》の上に成り立っている。グーグルのオフィスはかつてはネットスケープで、その前はシリコングラフィックスだった。起業が成功する確率は、宝くじに当たるよりわずかにマシでしかない。この事実を無視できる人は、恐ろしく楽観的か、イカレてい

るかのどちらかだ。ジャックと私は、この両方なのかもしれない。

ジャックはオフィスの奥にいた。そこには細長いテーブルが据え付けられていて、チームがランチを一緒に食べたり、ひとつしかない会議室が埋まっているときに臨時の会議室になったりする。隣にいるのは、採用したばかりのデザイナー。アンだっけ？　いや、アーニャだ。ジャックはアーニャと話しやすいように少しかがんでいた。身長187センチのジャックが、165センチのアーニャを見おろすような格好になっている。ハンナが加わると、ジャックは溜息をついて体を起こした。

目の前のテーブルには段ボール箱が並び、さまざまな色のラベルが貼ってある。「ハンナ、ちょっと見てくれないか。この青は素敵だけれど、棚で目立たないような気がするんだ。こっちのオレンジはもう少し強いけれど、おいしくなさそうかな？　青はとても信頼できそうなイメージを与えるね」

ジャックは色の話となると何時間でも止まらない。そこにフォントも加われば半日はつぶれる。ハンナには、そもそもなぜグラフィックデザイナーを採用する必要があるのかさっぱりわからない。ジャックだけでもどうにかなりそうな気がする。でも、ジャックが僕の専門ではないと言うので妥協したのだ。アーニャがダークレッドの箱を前に押し出した。

「うーん、まあ、ダークレッドがいいんじゃない？」ハンナは言った。「ふたりに任せておけば大丈夫ね。ジャック、報告があるの。ブライトウォーター・サプライの契約をとってきた。モデストからフレズノまで納入してる業者よ」

ジャックの眉間にしわが寄る。「フレズノって……北だっけ」

ハンナは吹き出した。「南だってば！　次に営業に行くときは一緒に来てよね」。そして、パッケージの見本を脇に押しやり、契約書をジャックの前に置いて、大切そうにしわを伸ばした。ジャックは契約書を見た。……すばらしい数字だ。これまで結んだどの契約よりも大きい。

「あれ、ここなんだけど」ジャックが契約書を指した。契約書の文言が二重線で消され、新しく何か書き込まれている。「〈ウェブサイトを使用しない〉って何？」

「入力が面倒なんだって」

「そんなバカな。ユーザビリティ・テストだってやったのに」

「ウェブサイトを見てもらったんだけど、気に入らないって言うのよ。怒らないで。近いうちに一緒に訪問しましょう。どこをどう修正すればいいのかわかるまでは、私が注文を入力するから。あるいは、エリックに頼んでお客様のシステムとうちのシステムを統合するためのＡＰＩを書いてもらう？　ブライトウォーターからは大量の注文を定期的にもらえるそうだし」

ジャックは納得していないようだ。

「大金が入るんだよ。で、作業は私がやるから」ハンナは深呼吸した。「くよくよしないで作業に戻って」

　ハンナは大股でキッチンに向かい、お茶をいれた。がっかりだ。ジャックは目を輝かせて契約を喜んでくれると思っていたのに。お金が、それも定期的に大金が入るというのに。まるで、買い物をしてきたのに、牛乳を忘れているじゃないか、と責められたような気分だ。でも、キッチンに入ると少し気が晴れた。生産者から送られたお茶のサンプルが大量に届いていて、選びたい放題だ。先週訪問したワシントン州の農場からもらった緑茶のサンプルを物色する。目を閉じ、鼻を袋につけてお茶の香りを吸い込む。ハイキングのときに踏む干し草のような、甘い香り。そこで、人の気配に気づいた。

「やだ、恥ずかしい」ジャックを見てハンナは言った。

　ジャックは、いいよいいよ、と手を振った。「みんなやることだし。テンゾー・ファームのお茶は最高だからね」。そして電気ケトルのコンセントを差し込むと、棚からマグカップを取り、カウンターに寄りかかって胸の前で腕を組んだ。「僕は不安なんだ。ああいう人たちとうまくやっていけるのか」

「ああいう人たちって？」

「食品納入業者だよ。三つ星レストランにリプトンを納入するような連中。品質なんか気にしちゃいない」

「それはそれでしょ。食品納入業者はレストランが必要なものを提供するだけ。高級なレストランには高級なお茶がいるって説得するのは私。これも、単なる顧客開発よ」

「ものごとを正しい方法で進めるのがスタートアップの意義じゃないのか。とびきりの商品を、とびきりのパッケージに詰めて、とびきりのお客様に売る。大切なのは、みんなと同じようにやることじゃないだろう」

「スタートアップの意義は、プロダクト・マーケット・フィット［製品と市場の最適な組み合わせ］を見つけて会社を成長させ、会社を頼りにする人たちに利益をもたらすことだと思うけど」

ケトルのランプがついた。ジャックがお湯を注ぐ。

「ああ、そうだとも。教科書にはそう書いてあるね。売れるならゴミでもいいって」と、ジャックは茶こしを振り回して語気を強めた。

「差別化のチャンスじゃないか。素敵な経験をもっと素敵にできる。採算が心配なのはわかるよ。でも、なんのために起業したのか忘れないでくれないか」

ハンナが返事をする前に、ジャックは出て行ってしまった。

契約を増やさないとあと10カ月で資金が切れるのよ、とハンナは思った。おいしいお茶でおいしいお金がもらえるのに、何が問題なのだろう。

ハンナ、ピボットを提案する

数週間後、ハンナはジャックを会議室に連れ込んだ。なんの変哲もない会議室だ。靴箱のように細長い部屋で、壁はいかにも大家が好みそうな落ちついた白に塗られている。四方の壁のうち三方には古びたホワイトボードがかかり、前のテナントが書いた跡で汚れている。ハンナは蛍光灯の光が少し苦手だったが、少なくともチカチカはしていない。大学を出てから大学院に入るまでに2年間コンサルティングをしていたとき、こういう部屋はいくつも見た。蛍光灯がチカチカしている部屋に行くと猛烈に腹が立った。単に不愉快というだけではなく、持ち主があまりにだらしないか、さもなければほかのことに気をとられているしるしだからだ。点滅する蛍光灯は破滅の前ぶれ、ハンナはそう考えていた。

明るい会議室に入ろうとすると、先客がいた。主任プログラマーのエリックだ。窓のない部屋に座ってコーディングするのがお気に入りのようだ。

「ごめんなさい、エリック。ここを使いたいの」

「待ってください……」エリックはそう言いながらも、明るいブロンドの頭をノートPC

から上げようとしない。ジャックより背が高く痩せているので、細い体が銀色に光るPC上でクエスチョンマークの形になっている。

「出て行ってくれ、エリック」冷たくはないが断固とした声で、ジャックが言った。

「行きますよ……今立って……行きますんで」エリックは立ち上がり、PCを片手に載せ、ときどきキーを打ちながら、画面から目を離さずに出て行った。

「あの人はなんでここに隠れてるの」ハンナはいらいらしていた。自分がこれからジャックに話す内容をジャックがあらかじめわかっていてくれれば、と思ったが、たぶんわかっていないだろうという気がした。わかっていたらわかっていたで、話を気に入るとは思えない。

ジャックは肩をすくめた。「集中したいんだろう。ともあれ腕はいいし、うちにはまだCTO（最高技術責任者）はいないし……」

ここでハンナはまた別の問題を思い出した。CTOを見つけてくるのはジャックの仕事だったはず。でも、ジャックはビジネスの中でデザインに関係ないことにはいっさい関心がなさそうだ。私の仕事に加えないといけないかな。そう思って、下唇を嚙む。

ふたりは会議用の細長いテーブルの端に椅子を運んで座った。このテーブルはジャックとエリック、そしてフロントエンド開発を担当するキャメロンが、ある週末にイケアで買ってきた2台の木製キッチンカウンターを並べたものだ。かっこよくて価格も手頃だが、残念ながらニスを塗っていなかったので、何かをこぼすたびにシミがつく。ハンナはコーヒーのシミをこすりながら、自分の考えをどう説明しようか思い悩んでいた。シミは消えない。

ジャックは待つ。静かにしているのは得意だ。

「ジャック、数社の食品納入業者と契約してきた」ハンナがひと呼吸おくと、ジャックは腕を組んだ。そうよね、簡単にはいかない。「1社契約するごとに、10軒から20軒のレストランと契約するのと同じくらいの売り上げになるの。納入業者がレストランに売ってくれるから。アラマックス社との契約は、生産者にとって大きなビジネスになっている。ジェファーソン・サプライズ社の注文は倍増した。あまりの好調ぶりに、テンゾー・ファームでは人を増やすかもしれないって」

ジャックの表情は固くなるばかりだ。いいかげんに結論を察してくれないかな。もしかして、察しているけど気に入らないのかも。それなら、先に進むしかない。

「ビジネスとしては、レストランを相手にするよりはるかにいいのよ。販売サイクルは一緒だけど、納入業者は私たちとの取引を積極的に試してくれる。レストランやカフェみたいに、5回も10回も打ち合わせを重ねてから、もっと経験を積んだらまた来い、なんて言わない。もう必要な材料は揃ってる。私たち、ピボットしなければいけないと思う」

起業のクラスで、ピボット（方向転換）とは戦略を変更せずに戦術を変更することだと学んだ。ハンナは、ピボットこそまさに必要だと確信していた。ティービーはこれからも良質なお茶を消費者に届ける。食品納入業者がすでに築いている関係を利用して。

ジャックは不安をあらわにした。「販売サイクルについてはわかったよ」。ビジネス用語を使えて満足そうだ。「でも、いまいち信用できないんだ。食品納入業者って、生産者が慣れてきてから値下げを迫ったりするんじゃないのか？　品質を低くするよう言ってきたらどうする？　ゴミみたいなものをつくることになったら？」

ハンナはジャックをたしなめた。「ありもしない問題についてくよくよ考えるより、現実の問題に対処してよ」母から１００回くらい聞いたセリフだ。自分の口から出たので、思わず笑ってしまった。「ジャック、このやり方はうまくいっているのよ。生産者の利益になるし、うちの利益にもなってきている。今後は食品納入業者からも頼りにされるようになる。お互いの得になる関係なら、こちらの信念に反することを無理にやらされたりしない」

ジャックはひと呼吸おいて、しばらく目を閉じた。夢でも見ているかのように、まぶたの奥で目玉が動いている。デザインに取り組んでいると、たまにそうなることがある。問題を徹底的に考えているときの癖だ。その目が開いた。

「箱には誰のラベルを貼るんだい」

ハンナは目を丸くした。「ええっ？　そんなことが心配なの？」

「僕たちにはブランドとしての存在感が必要なんだよ。〈インテル入ってる〉みたいな。ブランドはインテルの礎だ。君はまさか、〝秘伝のソース〟でいることに満足するわけじゃないだろうね」

「パッケージについて向こうがどう考えているかは知らない。変えろという要望はなかったし」ハンナは肩をすくめた。

「うん、まあ、言いたいことはわかったよ」

声の調子を聞くかぎり、とてもわかっているようには思えない。ハンナはジャックが歯を食いしばっているのに気がついた。

「食品納入業者に焦点を合わせるのも、筋が通っているかもしれないね」

いかにも気乗りしない様子だ。次はどうせ「でも」だろう。

「でも、ほら、君も僕も、ああいう連中と仕事をしたらどうなるかわからないじゃないか」

事実を述べてきたハンナは行き詰まってしまった。事実では、漠然とした恐怖やあいまいな不安に対抗することはできない。そのとき、ふと思いついた。

「ねえ、ジムに相談してみない？」

ジム・フロストはティービーに初めて投資してくれたエンジェル投資家だ。シリコンバレーのベテランで、たくさんの会社の失敗と、わずかな成功を見てきている。賢く、洞察力がある。この問題を解決するのに手を貸してくれる人がいるとすれば、ジムかもしれない。ジャックとハンナはジムを信頼するようになっていた。主任プログラマーを紹介してくれたうえに、今はCTOも探してくれている。

ジャックは少し考えてからうなずいた。

「新しい目で見てもらって悪いことはないね」

エンジェルのジムに相談する

ジム・フロストはスターバックスで打ち合わせをするのが好きだった。スターバックスを愛していると言ってもいい。投資家なら誰もが好む、裸一貫からの立身出世物語。それはシアトルのパイク・プレイスにあった1軒の小さなカフェで始まった。ヨーロピアン・スタイルの高級なコーヒーを仕入れて、1杯あたり市価の3倍の値段をつける。かつて、コーヒーは1ドル飲み放題だった。今では、品種・生産地・生産者を限定したシングルオリジンのコーヒーに、1杯で3ドルの値がついている。スターバックスは市場を生み出し、独占した。いまや、ありとあらゆる街角にスターバックスがあり、飛行機の中でも飲める。ジムは、自分にもスターバックスに投資するチャンスがあったら、と思いつつ、次のスターバックスになる起業家との出会いを夢見ている。

次の約束相手がスターバックスのコンディメントバーからエスプレッソを持ってやってきたので、立ち上がって手招きした。目の前にふたりの創業者が座る。ダンは若くて痩せたインド人。フレッドはドリトスとコーラだけでできていそうな腹をした赤みがかったブロンド髪のそばかす顔だ。

ジムは最新の路線変更についての説明に耳を傾けた。18カ月で4回めだ。出資したときにふたりは、食生活記録アプリをつくっていた。次に、グルメな健康メニュー。今は健康レシピがメインらしい。新しい路線についてもっともらしく語る創業者を前に、ジムは溜息を押し殺す。

「ベータユーザーはサイトを気に入ってくれてます」と、ダンはよどみなく話す。しかし、声に本物の躍動感がない。フレッドは、自分たちの運命でも映っているかのようにエスプレッソの表面を見つめていて、ジムと目を合わせようともしない。ふたりが最初のアイデアに注ぎ込んだ情熱は、市場の無関心にぶつかってしぼんでしまった。ことにフレッドは、食生活記録アプリのテクノロジーに入れ込んでいた。しかし今、その線は消え、興味もないウェブサイトのコーディングをする羽目に陥っている。フレッドは疲れている。体重も何キロか増えたようだ。一方のダンはあまりに猪突猛進で、いったん立ち止まって問題と真剣に向き合うタイミングがわかっていない。

資金が切れる創業者と、気持ちが切れる創業者がいる。この子たちは両方だな。

ジムはふたりと握手してさよならをした。投資もさよならだ。気持ちが切れたチームに注ぎ込む金はない。

そのとき、ハンナのシビックが駐車場に入ってきた。ジムはふたりの創業者を思い浮かべた。あといくつかの四半期で、ハンナとジャックもダンとフレッドのようになってしまうだろうか。あるいはスターバックスへの道を歩むのだろうか。

OKRを知る

エンジェルのジムとの打ち合わせはいつもジムのオフィスの隣にあるスターバックスで、そのたびにジャックの心は少しずつ静かにむしばまれていた。スターバックスのあるショッピングセンターには、スーパー、ガソリンスタンド、タコスレストラン、そしてびっくりするほどおいしい懐石料理店が入っている。ジャックにとってスターバックスは、シリコンバレーのあらゆる異質さと不可解さの象徴だった。なぜベンチャーキャピタリストはみんなスターバックスで会いたがるのだろう。もっとおいしいコーヒー、はるかにおいしい紅茶がいくらでもあるのに。なぜミシュランで星を獲得しているレストランがわざわざショッピングモールに入っているのだろう。ここまで広い駐車場がなぜ必要なのだろう。半分以上埋まっているのを見たためしがないのに。

ハンナは中古のシビックをスターバックスの前に止め、エンジンの振動が完全に止まる間もなくキーをポケットに突っ込んで車を出た。ジャックはおとなしくついていった。ジムの姿が見えると、ジャックは少しだけ元気になった。ジムはいつも裏のテラスに座って打ち合わせをする。50代後半で、インテルの取締役としてスタートアップ2社の創業を成功させたのち、エンジェル投資家に転じた。ジムの人生は徹夜の連続だったはずだが、しわのある顔は連日の徹夜のストレスよりも晴天のゴルフコースを彷彿とさせる。ジムはちょうど立ち上がってふたりの若い男と握手するところだった。若者はふたりとも青いシャツを着て、カーキ色のパンツを履いている。プレゼンが終わったところかな、とジャックは思った。

ハンナがジャックの腕に軽く触れて制止した。「鉢合わせする気分じゃないから」。ふたりが足取りをゆるめると、もうひと組の起業家は去っていった。ハンナとジャックは一緒にジムに挨拶して、席につく。椅子がまだ温かい。ふたりはジムに、販売先をレストランから食品納入業者へとピボットすることの懸念をまとめて話した。

ジムは椅子の背にもたれ、ダブルエスプレッソの入ったカップのふちに指を滑らせた。この人は、打ち合わせをするたびにコーヒーを飲んでいる。そして、ヨガのクラスから抜け出してきたかのように落ちついている。

「インテルで働いていたときの話をしよう。インテルでは、難しい決断のたびに必ず振り返る話がある。

80年代に、日本企業がメモリーの市場シェアを拡大した。メモリー事業の赤字が拡大する中で、我々は今後の方針について議論を重ねた。実に激しい議論だったよ。

ある日のこと、アンディ・グローブは会長兼CEOのゴードン・ムーアとまたもやこの議論をしていたんだが、ふと窓の外を見ると、遠くで遊園地の観覧車が回っているのが目にとまってね。アンディはゴードンに向き直って聞いた。『もし、我々が取締役会で追い出されることになり、次のCEOが入ってきたら、何をすると思う』

ゴードンは即答した。『メモリー事業から撤退するだろうね』

アンディは、その単純なひと言が伝える明確なメッセージに心を打たれた。『じゃ、我々がいったんドアを出てから入り直して、自分たちでそうすればいいじゃないか』

あとは知っているね。メモリー事業から撤退してインテルは大きく躍進した。それ以来、本当に厳しい判断が求められると、インテルではこの〈回転ドアテスト〉を必ず行うようになった。つまり、歴史と思い入れに束縛されない人間なら何をやるかと考える、ということだね」

そこでジムはひと息ついてエスプレッソをすすった。

「で、君たちが新しいCEOに採用されたらどうするかい?」

ジャックはハンナのほうを見たが、ハンナは黙っていた。何を考えているかは一目瞭然だ。

ジャックは言った。「この方向性をまじめに検討しなければいけないと思います。いい収入になります。でも、品質を下げる方向に追い込まれるのではないかと心配です」

「もしそうなったら?」とジムが問う。

ジャックは答えた。「受け入れられません。僕は会社を去ります」

3人はそのまま沈黙した。

ハンナが言った。「私も受け入れません」

ジャックは口をつけていない紅茶から顔を上げた。

「品質の悪い製品を売る会社をつくりたいわけではありません。そんなやり方では、長い目で見たら絶対にうまくいきませんから。まずいお茶を売りたいなら、別の会社に行きます。私たちは世界を変えるためにやっているのであって、世界を再生産するためではありません」

ジャックは再びカップに目を落とし、心の中でつぶやいた。「わかってるよ。ちきしょう、わかってる」ハンナは前にもそう言っていた。100回くらいは話し合っている。でも、いざお金の話になったときに、ハンナはその考えを捨てずにいてくれるだろうか。

ハンナが微笑んだ。「ね、私たちはお茶を飲みたい人に届けるためにやってきたんでしょ。倉庫でひからびさせて、まずくするためじゃない。あなたが今やっているみたいにね」と、ジャックのカップを指さす。

ジャックはカップからハンナに視線を移して、軽く微笑み返す。こういう風に喋るときのハンナは、まるで姉のようだ。なのに、ハンナはMBAを持っている。ジャックの学科ではMBA取得者と、その世界で使われる特殊な用語を笑いものにしていた。〝イグジット〟や〝価値の最大化〟の類だ。彼らの言う〝価値〟はいつだって〝カネ〟の隠語のように聞こえる。でも、僕の考える〝価値〟はそういう意味ではない。ジャックはついに口を開いた。

「僕たちは、気がつかないうちに、なかなか行き着けないプロダクト・マーケット・フィットにたどりついたのかもしれない。もし僕が新しいCEOになったら、ピボット《方向転換》へのコミットに賛成するだろうね」

ハンナの肩から力が抜けたようだった。ここで、ジムが言った。

「ふむ。ただ、チームからの抵抗があっても驚かないように。よくあることだからね。目標から外れないように、OKRを使ってみてはどうだい」

ふたりの起業家はきょとんとしている。

「OはObjective、つまり目標。KRはKey Results、つまり主な結果。私が出資している会社の多くでも、フォーカスを定め、成果を拡大するために取り入れているよ。四半期ごとに、明確で定性的な目標をひとつと、目標の達成度合いを判定するための定量的な指標を3つ設定するんだ。定性的とは数字で表せない性質、定量的とは数字で表せる性質だ。さて、君たちのグループに適した目標は何だと思う？　難しいけれど、3カ月で実現可能な内容だ」

「外食産業向け食品納入業者に対して、私たちの価値を証明する」ハンナが即答した。

ジャックが割り込む。「君の言う価値ってどういうこと？」

「お客様のビジネスに役立つ、優れた商品をお届けできるってこと」

ジャックはひと呼吸おいてうなずいた。優れた商品。それならよさそうだ。

ジムが聞く。「成功したかどうかは、どうやってわかるんだい？」

ハンナとジャックはしばらく話し合ったが、なかなか結論が出なかった。売り上げベースのKR（Key Results、主な結果）を見つけるのは難しくない。でも、「ティービーの価値を認めてくれる食品納入業者」を表す指標を見つけるのは難題だった。

「価格交渉をしなくても買ってもらえる、とか？ほら、商品が良ければ、相手も値切ってこないからさ」とジャックがいう。

これにはハンナが目を白黒させた。「あのね、ジャック、価格交渉はビジネスそのものよ。最適な価格を引き出すことに生活がかかってるんだから。うちの母が価格交渉をしていなかったら、私、脈を測るわよ。リテンション指標を考えてみましょう」

ジャックはぽかんとしている。ハンナは続けた。

「たとえば、再注文率30パーセントとか」

ジムが割り込む。「OKRでは難しいゴールを設定しないといけないよ。達成できるかできないか半々くらいのものがいい。チームが自らを押し上げるようにするのが君たちの仕事だろう？　投資家としては、たったの30パーセントが目標では心配になるね」

これは目の覚める指摘だった。そう、ジムはただの友達ではなく、一枚かんでいる投資家なのだ。

「再注文率１００パーセントにしよう！」とジャックが答える。

ジムが笑った。「おいおい、それは本当に可能かい？　できないとわかっているゴールを設定されたら、チームはストレスが溜まるかもしれないよ」

ハンナが間に入る。「それなら、再注文率70パーセントならどうでしょう。いまのところすべてのお客様から再注文をいただいていますが、私がいちいちお願いしてのことですから」

ジャックが言う。「できればそれ以下にはしたくないね。なんだかんだ言って、うちにはウェブサイトがあるから、そこから注文してもらえるよね？」

ハンナが答える。「サイトは使えないわよ。お客様のニーズに合っていないんだから」

ジャックが返す。「それなら、サイトの修正にもＯＫＲを設定しようか」

ここで新たな相談者がやってきたので、ジムは打ち合わせ中のハンナとジャックを残してほかのテーブルへ移っていった。

ハンナとジャックはそのままゴールと指標について議論していたが、ふと身震いをした。夕方になり、日が落ちてきたのだ。夕日がスターバックスの裏に沈む。紅茶は冷めてしまったが、ふたりが互いに納得して目指せる、本当のゴールができた。ふたりは家に帰り、ゴールについてあれこれ考えながら眠りについた。

チームにピボット《方向転換》を宣言

翌朝、ふたりはキームン紅茶を飲みながら昨日設定したＯＫＲをもう一度検討した。達成は難しそうだが、方向性は正しいように思えた。

ふたりはチームを会議室に呼んだ。ハンナが前に出る。起業家クラスで毎週のようにやらされていたにもかかわらず、グループに向かって喋るのはいまだに気まずい。３人のプログラマーは、ノートＰＣを開いて並んで座っている。デザイナーのアーニャはうつむいたまま、スケッチブックに激しく筆を滑らせている。臨時に採用したＣＦＯのナオコは静かに座り、最新の売り上げをプリントアウトした紙束の上に手を軽く載せている。ハンナの不安が募る。この人たちは自分の未来をジャックと私に預けてくれている。とんでもないプレッシャーだ。

ハンナは深呼吸して、ヨガの先生から教わったように〝気〟をつま先に送り込もうとした。

「みなさん」場を活気づけるために、全員の顔を見た。とはいっても、見える顔だけだ。

主任プログラマーのエリックはハンナが立つとPCから一瞬だけ顔を上げたが、あとふたりのプログラマー、キャメロンとシェリルの視線は画面のコードに釘付けになっている。隣に座るジャックがハンナに微笑みかけてうなずき、話を始めるように促した。

「今日は発表があります。私たちは、小さいけれど明確なピボット《方向転換》を実施することにしました。販売先を外食産業向け食品納入業者に特化します」ハンナはチームに対して、最新の状況と、ナオコがまとめてくれた数字について説明した。

ジャックが補足する。「零細生産者がつくるおいしいお茶を高級レストランに届ける、という方針は変わらない。ただ、より効率的で収益性の高いアプローチを発見したんだ」

メンバーの何人かは不満そうだった。エリックは特に憤慨しているようで、やっとPCからしっかりと顔を上げた。「めちゃくちゃじゃないですか。農家と零細企業の手助けをするために起業したんでしょう。だから俺は入ったんですよ」

エリックは中西部出身だ。カリフォルニア大学バークレー校に通うために越してきたが、カンザス州の厳しい冬を嫌ってそのままカリフォルニアにとどまっている。

「食品納入業者って業務用のお茶を売るんですよね。お茶をつくる農家のことなんて考えない。金儲けにしか興味ないじゃないですか」

ジャックが答えた。「生産者の権利を守るためにも、間にティービーがいたほうがいいんだ。生産者から高く買い上げながら、新しいお客様を開拓できる」

ハンナが補足した。「それに、ほとんどの生産者は規模が小さかったり、一定の生産量を確保できなかったりして、食品納入業者に関心を持ってもらうのが難しいの。私もいろいろなレストランと話したけれど、まず安定した納品が必要だと言うのね。零細生産者は小規模すぎて取引に見合わないと。そこでティービーが生産を取りまとめるわけ。そうすれば、常に緑茶と紅茶の最小納品量を確保できるでしょう」

ジャックがまとめた。「これからは、お茶の生産者はもっとお茶を売れる。さらにいいことに、どれだけ売れるかのめどがたち、新規採用や業務拡大のタイミングを計れるようになる。みんなにとっていいことずくめだ」

こうしてチームはようやく変化を受け入れたが、エリックは口を手で覆って、言いたいことを飲み込んでいるようだった。何を考えているのだろう、とハンナはいぶかった。

「この変更がどういう意味を持つか話し合いましょう」ハンナはホワイトボードにビジネス・モデル・キャンバス［ビジネス全体を図にまとめたもの。一般的にはパートナー、リソース、チャネル、コスト構造など9つの要素に分割する］を描いた。

「私たちは食品納入業者を新たなお客様として検討します。そのためには、いくつかの変化が必要です。営業担当者を何人か採用しなければならないし、しっかりしたカスタマー・サービス部門もつくらないといけない。今まで、うちの売り上げはジャックの魅力と私のフットワークでもってきたから」何人かが笑う。誰もがジャックの営業嫌いを知って

O（Objective）：外食産業向け食品納入業者に対して、高級茶プロバイダーとしての明確な価値を示す

KR：再注文率70％
KR：再注文のうち50％はお客様自ら実行
KR：売り上げ25万ドル

いた。雑談は好きで、新しい顧客をよく見つけてきたが、取引をまとめ、価格交渉をして、契約書にサインさせるのは、いつもハンナだった。

「この分野の専門家が必要です。売り上げは1件ごとに数百ドルじゃなくて数千ドル。法人への直接営業を専門にしましょう」

次にOKRの概要について説明し、項目を検討した。

ハンナがまず立ち上がり、ホワイトボードに初めてのOKRを書き込んだ。

次にもう1組のOKRを書き込んだ。

そしてさらに「O：効果的な営業チームを構築する」と書いてKRを付け加え、「O：反応のよい顧客サービスアプローチを構築する」にも3つのKRを追加した。

チームはゴールが達成可能かどうか議論し、再注文率を60パーセントに引き下げた。

O（Objective）：食品納入業者が注文を管理する便利なプラットフォームを構築する

KR：再注文の80％をオンラインで受注

KR：満足度スコア8／10

KR：電話を50％削減

「どのみち、次の四半期にはまたこの数字を引き上げればいいですよね」とエリックが言った。

会議が終わる直前に、キャメロンが手を挙げた。

「でも、既存のお客様であるレストランはどうするんですか？」

「そのまま取引を続ければいいよ」とジャック。

ハンナは思わずジャックのほうを向いた。

え、続けるの？

口を開いて反論しようとしたが、やめた。すでにチームにたくさんの変更を導入している。しかも、今すぐ出かけて新しいレストランを開拓したい、という話でもなさそうだ。ジャックとはあとで話し合って、徐々にレストランとの取引を打ち切る計画を立てればいい。争いを避けているわけじゃない。ただ、戦う場を選んでいるだけ。そうじゃない？

ハンナ、テイスティングに参加してキレる

ハンナが納入業者の注文を入力していると、デスクの横に人の気配を感じた。見上げるとコートを着たジャックが紅茶のパッケージをいくつか抱えている。

「準備はできた？」と、ジャック。

「なんの？」

「テイスティングだよ。エクスフライト・コワーキング・スペースの。今すぐ出ないと渋滞に引っかかるよ」

ハンナはジャックをにらみつけ、思考を数字から言語に切り替えた。「この数字を全部入力しないと、シストボア社のお茶の注文作業が終わらないいんだけど」

「なんでウェブサイトを使わないんだ」

「もう話したでしょう。サイトは最大で10までしか数字を入れられないの。納入業者の規模だったら、80回注文しなければならないわ。サイトを直すか、入力するまでそこで待っているかのどちらかにして」

「車で待つよ」

「外は30度よ。車の中はオーブンになっちゃう」

「じゃあ、僕が焼け死ぬ前に来るんだね」ジャックは箱を抱え、ぶつくさ言いながら出て行った。「遅刻は嫌なんだ」

ハンナはうなったが、入力中のファイルを閉じてあとを追った。

会場には早めに着いたので、お茶のサンプルをセッティングする余裕が十分にあった。エクスフライトは典型的なコワーキング・スペースだった。ロフト型の空間に、社員数3～4名のスタートアップ企業が6社入っている。デスクはイケアのようだったが、椅子は高級品のハーマン・ミラーだ。共同のキッチンには電子レンジが数台と水道がある。食器棚にはブランド物のコーヒーマグとガラス瓶。「自分たちのケトルとカップを持ってきてよかった」ジャックは楽しそうだ。「品質のことなんて誰ひとり気にしてない。この共同スペースでどれだけおしゃれに見えるかしか考えてなさそうだ」

ハンナは少し気が晴れ、集中力も高まっていた。運転中はずっと大音量でディスコ・ミュージックをかけていた。母親がセールで買ってきた小さなガラスのティーカップを並べながらも、〈カー・ウォッシュ〉を口ずさんでいる。これが終わったらテイスティングはやめにしよう、とジャックに話すつもりでいた。ジャックはハンナに代わって、コワーキング・スペースのゼネラル・マネジャーとにぎやかに交流している。ハンナはもともと内向的なタイプで、生きていくのに最低限必要なぶん以上の雑談はしないことにしていた。

夜はいつもと同じように過ぎていった。これまでにコーヒーショップやベーカリーで開いてきたテイスティングと変わりない。ジャックはその場にいるみんなと話して、お茶を試してもらえるよう説得した。ハンナはトラベルアプリ開発会社のCEOと、エンジェル向けのプレゼンのメモを見せ合った。コワーキング・スペースのテナントは8時までに、それぞれコーディングをしにデスクに戻るか、夕食を買いに出て行った。ハンナは荷物をまとめた。交流に疲れ、運転して帰るだけでも気が重い。そのうえ、戻ったらまた1社分の注文を入力しなければならない。深く溜息をつき、カップの箱を下ろした。

「ジャック？」

「ん？」

「私たち、なんでこんなことしてるの？」

「ほら、オフィスのマネジャーの注文を取ったよ！　1週間に7キログラムだ。しかもパッケージにうちのブランドを出してもらえる。これで認知度も高まるよ」

「誰の認知度よ。食品納入業者がコワーキング・スペースのキッチンをうろつくとでもいうの？　私たちのお客様は納入業者なのよ」

「うーん、じゃ、ベンチャーキャピタリストは？　とにかく、売り上げは上がったんだ」

「コワーキング・スペースの、でしょう？　重点顧客じゃないのに」

「ウェブサイトで注文してくれるよ。なにか問題ある？」

「私のデータ入力は毎日増えてるのよ！　あなたは製品の担当でしょう！　さっさと製品の仕様を固めなさいよ！」

「バックログに入ってるよ！」

「それってエンジニア用語で『黙れ』ってこと？」

「違うよ、クソッ、なんだよ」ジャックが一歩引いた。ハンナが怒りをあらわにしたのに戸惑っているようだ。戸惑いもするだろう。ふたりはこれまで一度も喧嘩をしたことがなかった。ふたりはどちらも争いを好まない。ハンナはどんなときでも争いを好まない。まして今は。ジャックが言った。

「僕はもうタクシーで帰るよ。そのほうが君も早く家に帰れるだろう」停戦の申し入れだ。

ハンナは争いたくない気持ちを飲み込んだ。言わなければいけないことがある。

「待って、ジャック。タクシーを呼ぶ前に約束して。もうテイスティングはやらない。私たちはお互いに承知して、OKRを設定したでしょう。テイスティングはそのどれにも役立たない。時間の無駄よ」

ジャックはためらった。両手をポケットに突っ込んでから、誰かにたしなめられたかのようにもう一度外に出した。

「テイスティングは有用だよ。縁ができるじゃないか」ジャックは少し穏やかになった声で、不安げに言った。

「いいえ、私はそう思わない」

突然、ジャックの雰囲気が明るくなった。「あ、もしかしてモントレーの連中の営業電話にいらいらしてるのかい？　気にするなよ、僕が取るから。みんなとうまくやっていこう。落ちついて。もう寝よう」

そして、ハンナが抱えていたカップの箱をもぎとり、部屋を出て行った。ハンナはショックで震えていた。自分の懸案は完全に無視された。落ちつけですって？　落ちつけるわけがない。まして、眠れるわけがない。これから20種類のお茶の注文を入力しなければならないのに。

大事なのは品質か、売り上げか

翌日、ジャックは昼前にオフィスに着くと、自転車を裏口のラックにゆっくり止めた。ハンナはいつも朝早く出社する。ジャックは昨夜のけんかを蒸し返したくなかった。向こうが謝ってきたら嫌な気分になる。こちらが謝ったとして、向こうが許さなかったら？どちらにしても気分が悪くなる。自分は良い製品をつくる良い会社を経営したいだけだ。

ジャックは、ありとあらゆる製品デザインが時間を経て劣化するのを見てきた。お気に入りのスマートフォンですら、昔は手にしっくりなじんだのに、いまや大きく不格好になってポケットを膨らませている。ずっと尊敬していた企業で夏期インターンとして働いたときには、プロダクト・マネジャーや経営畑の人たちが、品質を捨てて短期的な売り上げを取るのを見てしまった。

そのとき、どうしてなにもかもが悪くなるのかがわかった。金のせいだ。経営畑の人たちは、自分のボーナスを増やすため、四半期ごとに株価が上昇するようにせきたてる。顧客の満足や会社の評判など、いっさい気にしない。だから、品質を保証し、ビジョンに忠実でいるためには、自分で会社を立ち上げるしかない、と決意した。それなのに、今ジャックは、自分が軽蔑した類の経営幹部の立場に追い込まれ、ティービーを続けるために自分の理念を返上しなければならなくなるのではないかと心配していた。

もしかしたら、ハンナに説明すればいいだけなのかもしれない。テイスティングで製品の品質を見せることがどれほど重要か。影響力のある口コミを得るためには、揺るぎないブランドが必要だ。強力な口コミを得られれば、みんながお茶を飲んでくれる。そうすれば、ティービーの良さがわかってもらえて、お金はあとからついてくる。そう、ただ説明すればいい。ハンナだってお茶が好きなのだからわかってくれる。

オフィスに入ると、ハンナの椅子は空っぽだった。営業に出ているのだろう。肩の力が抜けた。肩に力が入っていたのにも気づいていなかった。議論は持ち越しだ。自分のデスクに着こうとすると、エリックが手招きしてきた。

「ちょっといいことを思いついて、徹夜でプロトタイプをつくったんですが、見てもらえますか?」

エリックは椅子に深く腰かけて、デスクの下に足を投げ出していた。黄ばんだ細い指で、モニターを指さす。1日に何本くらいタバコを吸っているんだろう、とジャックはしばらく考えた。

エリックはサイトの最初のページを下までスクロールした。ナビゲーションが固定されたまま、残りが動く。次に注文フォームを見せた。前のフィールドが正しく入力されると、次のフィールドが出てくる。

「よくできてるね」ジャックは肩をすくめた。エリックはそのエフェクトに感心して言った。

エリックは肩をすくめた。「一括注文の仕様がまだ来てないんで、暇つぶしです」

ジャックの胃が強ばった。「それは僕の役目だ。半分くらいできているんだけど、テイスティングの準備でしばらく中断してたんだ」

「気にしないでください。食品納入業者がぐだぐだ言わないで注文を入力すればいいんですから。農家から搾取してお金は十分あるんだから、そのお金を使ってデータ入力くらい向こうがすればいいんだ」

データ入力。そう聞いてジャックはさらに気分が悪くなった。「食品納入業者じゃなくて、ハンナが自分で入力してるんだよ」。ハンナがその仕事をしているのは、ジャックの技術仕様が書き上がっておらず、エリックが新機能をコーディングできないからだ。

エリックはジャックのストレスにさっぱり関心がなさそうだった。

「ていうか俺、さっぱりわからないんですよ。なんで俺たちが中間業者を太らせてるんですか？　農家とかレストランみたいなインディーズの人たちの力になるんじゃなかったんですか？」

ジャックはレストランと打ち合わせるのが好きだった。コワーキング・スペースやインキュベーターと仕事をするのも。食品納入業者のような、いかにも企業といったオフィスにはいまひとつ関心が湧かない。

「俺、たまに思うんですけど、ハンナさんってこの会社を次代のスターバックスにでもしたいんじゃないんですかね」

「さあ、どうだろう」ジャックは少し間をおいてから答えた。「なんか、投資家とはいつもスターバックスで会うような気はするね。彼らの理想なんじゃないかな。巨大なイグジットに、莫大なリターン」

エリックはうなずいた。「俺たちがお茶の生産者と関われるのはいいことです。誰かがやるべきことですから」

「そうだね。大量生産のゴミは世界に十分あふれてる。本当に質の良いものを、僕たちが示さないといけないね」

「まったくですよ」

ジャックは気をよくして席に戻った。いいお茶がある。パッケージ・デザインもすばらしい。ウェブサイトは安定している。もうすぐハンナも来るだろう。

数字について話す

ハンナがようやくオフィスに戻れたのは夕方だった。窓に貼られたグラフ越しに太陽光が注ぐ。エンジニアが日よけがわりに貼ったらしい。

ハンナは鞄も置かずにジャックの席に近づいた。「話があるの」

ふたりはそのまま会議室に向かった。

「部屋を空けて、エリック」会議室に入りざまに、ハンナは有無を言わさず言い放った。

エリックは椅子から体を起こし、ノートPCを持って自席に戻っていった。

ハンナとジャックは大きなテーブルを挟んで向かい合わせに座った。ジャックが壁のポスターをぼんやり眺めている。四半期の初めにつくったOKRのポスターだ。現時点でいくつ達成したんだろう、とでも思っているのだろうか。

ハンナは身を乗り出した。「ジャック、あなたアーニャの契約を延長したでしょう」

ジャックが目をしばたたいた。「うん。仕事が終わってないからね」

「そんな予算はないわ。自分たちの給料の分すらないのよ！　この四半期が始まってもう

6週間。あと数カ月でまた資金調達をしなければならない。でも、数字はろくに動いてない。こんな状態で、誰が投資するの？」

ジャックは呆然としたままこちらを見ている。どうやら、まったく心構えができていなかったらしい。

ハンナはジャックをにらみつけた。「私が送っているダッシュボードは見てないの？ジャック！」

「ん、ちょっと数字は得意じゃないんで。でもエクスフライトとは契約できたじゃないか。あと、先週のレストランと」

「その前の週に別のレストランを失ったけどね。倒産したのよ。そういうものなの。だから、売り上げからいったらプラマイゼロ。ねえ、もう話したでしょう。私たちには食品納入業者との契約が必要なの。この四半期はあと2社、次の四半期は5社。で、資金調達ができるくらいに堅調な数字を出さないといけない」

「レストランとの契約をたくさんとるんじゃダメなのか？」

ハンナは言葉を失ってジャックを見つめた。ジャックも気がついているだろう。こんな話は2カ月前に済ませておくべきだったのだ。でも、もう遅い。ハンナは爆発した。

「レストランとの契約では間に合わないの。営業担当者をたくさん雇わなければね。で、そうしたら経費がかさむわけ。レストランは行動が遅くて、慎重で、契約までにとんでもなく時間がかかるでしょう。しかも、実際に契約したところで、週に1キロも頼まない。1社の納入業者は100社のレストランくらいの価値があるわ」

ハンナの怒りの炎はますます燃え上がる。

「ジャック、あなたが経済の基本に関心を持とうとしないのには、もう耐えられない。どこかの大企業のデザイナーだったら、ミーティングで数字の話をしているときに寝ていてもいいんでしょうけど。勘弁してよ、あなたの会社なのよ！」

そして、赤字になれば、遠からずジャックの会社ではなくなる。ハンナはテーブルに手を叩きつけた。テーブルが震える。ジャックが後ずさりした。

ハンナは自分で自分の怒りが怖くなり、首を振って腰かけた。深呼吸をして低い声で話す。だが、その落ちつきがかえってジャックの不安をかきたてたようだった。

「ジャック、お金を稼がなければ、誰かを解雇しないといけないのよ。うちの母のレストランは知ってる？ あれは母にとって初めてのお店じゃないの。祖父と祖母もレストランをやってた。母はそこで経営を覚えて、あの業界に惚れ込んだの。でも、70年代の不況下では誰も外食しなかった。祖父母は店を閉めたくなかったし、人を辞めさせたくもなかった。きつい状況のときに、失業者を出したくなかったのね。でも、状況は改善しなかった。結局、レストランは倒産したわ。もし誰かを早く解雇して、経費を節減していれば……」

ハンナはぐらぐらするイケアの椅子に寄りかかった。ジャックを見るが、ハンナが痛烈に感じていることはいっこうに通じていないようだ。「同じ失敗は繰り返せない」

「何が言いたいんだい？」ジャックはそっと尋ねた。心配そうだ。少し怖がっているのかもしれない。

「あなたにもっと真剣に関わってほしいの。ジャック、こういうもので何がしたいわけ？」ハンナは壁を指さしながら言った。OKRのポスター、微笑んでいる顧客の写真、ウェブサイトのモックアップなどが部屋中に貼ってある。ジャックの仕事の産物だ。

「たぶん、僕はものごとを正しく実行できる場所がほしかったんだと思う。すばらしいものを見つけて、自分が好きになるのと同じように人にも好きになってもらう方法を見つけたかった。そうしたらおもしろいだろうな、と思ったんだ」

ジャックはひと息ついて身を乗り出し、ひじをテーブルに載せて顔の前で指を組んだ。

「それに、充実するだろうな、とも。テクノロジー分野のニュースを読むと、世界を変えるようなものをつくっている人が毎日のように出ている。僕もそうなりたい」

「おもしろいときもある。でも、おもしろいことだけやって、難題はいつもほかの人に押しつけてばかりじゃいられないでしょう。私たちが道を誤ったら倒産するの。みんな失業。お茶がどんなにいいものかも、誰にも伝えられなくなる」ハンナは微笑もうとしたが、顔がひきつっている。

ジャックが返事をした。「ダッシュボードを確認してみるよ」

ハンナはうなずいた。ジャックが深く溜息をつく。ジャックは早く会話を終わらせたかっただけなのだろうか、それとも本当に変わろうとしているのだろうか。

CEOへの不信感

ジャックはヘッドホンを着けて、コンピューターの前に座った。聴いていた音楽はしばらく前に終わっていた。ハンナのダッシュボードを眺める。この数字はどういう意味なんだろう？　OKRはハンナが管理しているはずだけれど、数字はどう変化しているのだろう。どのくらい達成したのか。できなかったのか。なじみのある数値がひとつもないが、聞くのは恥ずかしかった。ともあれ、ハンナは4時まで営業に出ている。つべこべ言わないで理解に努め、もし帰ってくるまでにわからなかったら説明してもらおう。しばらく見ていれば、自然にわかってくるかもしれない。

ヘッドホンの向こうで、シェリルとエリックのささやき声がした。バグの処理順でも決めているのだろうと思っていたが、なにやら妙な言葉が聞こえてくる。「ハンナ」……「売却」……ジャックはつい、ふたりの言葉に耳を傾けた。

「ああ、典型的なMBAのはったり野郎って感じだな」とエリック。「金儲けにしか興味がない」

「そうかもね」とシェリル。彼女はお喋りなタイプではない。

「なあ、あいつは俺たちを大企業のポケットに押し込んだんだ。会社を売り飛ばす準備でもしているんだろう。だいたい〝ビジネススクール〟ってのは、そういう方法を教えるところなんだ」

エリックは「ビジネススクール」を強調するような身振りをした。ジャックは気づかれないよう目の端で見ていた。おいおい、MBAがなんでも教えてくれるわけじゃないよ。

「ああいう連中は利益を上げるだけ上げてから全員をクビにして、数字をよくするんだ。で、一番高く売る。な？」

ここまで来ると、もっともらしい話にはとうてい聞こえなかった。ハンナはそういう人ではない。

次にエリックが言ったことで、ジャックは骨の髄までぞっとした。

「俺はやつらに〝コストカット〟なんかさせない。いまだに仕様が来ないから、暇を見てコードを修正しているんだ。やつらが雇いたがってるCTOにはせいぜい頑張ってもらおう。なにひとつ調べられないようにしてやる」

クビにされないようにわざと難しいコードを書くエンジニアがいる、という噂はジャックも聞いたことがある。でも、そういうものはシリコンバレーの都市伝説、エンジニアの世界に出るお化けの類かと思っていた。それは間違っていた。ジャックはダッシュボードを閉じて仕様書を開いた。それから、2台めのモニターでダッシュボードを開く。そして、ダッシュボードと仕様書の間で何度も視線を行き来させながら、何をすべきかを考えた。

悪い知らせ

オフィスの電話が鳴った。めったに鳴らないので、ジャックは飛び上がった。ハンナが電話を取り、冷静に応答する。「はい、ティービーのハンナです……フィリップ様、はい、お世話になっております」

食品納入業者だ。ジャックは椅子に浅く腰かけた。サイトの売り上げアップのために、ハンナに頼んで納入業者から推薦文をもらえないだろうか。会話に割って入れないかと、腰を浮かせた。

「申し訳ございません」ハンナが答えた。眉間にしわがよっている。

こりゃ推薦文の話は無理だな、とジャックは思った。

「あの、埋め合わせさせていただけませんか。お茶を持って車で伺います」

長い沈黙。ハンナはじっと耳を傾けている。

「承知いたしました。重ね重ね申し訳ございません。失礼いたします」

ハンナが電話を切り、ジャックが歩み寄った。ハンナはキーボードに顔をうずめてしまった。

　ジャックはじっと立っていた。放っておいてほしいときもあるのはわかっている。

　ハンナが顔を上げた。「ジェファーソンに切られちゃった」

「え？」

「注文の間違いが多すぎるって」

　ハンナは何度も両手を握り、指を何度もからめてはほどいている。

「一括注文のフローはいつできるの？　私、いつまでも注文の入力をやってられない」

「昨日エリックに渡したよ。やってくれるはずだ」

「そうよね、やってくれるはず」ハンナは冷たく、うつろな目でジャックを見る。手はひざの上で組んだままだ。

「ジャック、テンゾー・ファームに電話してちょうだい」

「え？」

「御社の注文はすべてキャンセルになりましたって。抹茶を注文していたのはジェファーソンだけだったの。ジャパンタウンに幅広く卸してるから。テンゾーに、最大の顧客を失いましたと伝えて。で、注文の増加に伴って人をとってないことを祈って」

　ジャックは青ざめた。

　ハンナはそっぽを向いた。「早く。早くやりなさいよ、社長さま」

再度エンジェルにアドバイスをもらう

ハンナはためらいがちにスターバックスの外に立っていた。エンジェル投資家のジムが相談相手にふさわしいかどうか、自信がなかった。でも、ほかに誰と話せばいいかわからなかった。ジェファーソン社を失ったことでハンナは動揺し、自分自身への信頼が揺らいでいた。でも、ジャックは相談相手として役に立たない。彼自身が問題だからだ。

エスプレッソを2杯買って、裏のテラスでジムと合流した。ジムは立ち上がり、ハンナからカップを受け取って微笑んだ。「おや、ジャックはどうしたんだ?」

ハンナは口ごもった。「個人的なご相談があるんです」

ジムの微笑みが消えた。口調はやさしかったが、視線はあたかもハンナを見極めるかのように動いた。「何を悩んでいるのかな?」

ハンナは不安そうに続けた。「いろいろ難しいことがありまして、アドバイスをいただこうと」

ジムが手で先を促す。

「ジャックのことなんです」ハンナはジムに山のような不満をぶちまけた。「そういうわけで、彼が技術的な問題処理をそっちのけにして、テイスティングやらパッケージやらで油を売っているので、私たちはジェファーソン社を失ってしまったんです」

ハンナはジムの答えを待った。ジムの目尻の笑いじわは消えてしまったようだった。ジムはわずかに口をすぼめ、テーブルの上に両手を載せた。「ジャックは自分の役割を果たさなければいけないね。それは説明した？」

「ええ」そこで少し考える。「たぶん……。そんなことをしていても時間の無駄だ、とは言いました」でも、〝社長さま〟というのは馬鹿にしただけであって、社長としての自覚を促したとはいえない。「彼もわかっていると思います」

「ハンナ、難しい話じゃないんだ。ちゃんと言いなさい。それから何度も言いなさい。言うのに疲れた頃になって、人はようやく聞いてくれるものだからね。そして、OKRに集中すること。OKRを達成するための役割をジャックがわかっているかどうか、君が確認しなければいけない」

ジムはエスプレッソの最後の一滴をすすった。

「君も自分の役割を自覚しないといけないよ。CEOの仕事は、ゴールを定めることと、言いにくい話をすることだ。本物のCEOになりなさい」

「あの、次の資金調達が心配なんです」ハンナはジムに何をすべきか教えてもらいたくてたまらなかった。

ジムは肩をすくめた。「いざとなったら、もっと経験豊富な取締役を入れればいい」

ハンナは凍りついた。胃液が逆流し、エスプレッソが喉元を焦がす。一瞬、いつものまずい紅茶にしておけばよかった、と思った。

「私は君たちふたりが好きだから、はっきり言おう。さっき、君たちはばらばらになりそうだと話してくれたね。私は投資家であって、母親じゃない。ジャックと仲直りするか、ジャックをクビにするかの2つにひとつだ。君は収益の改善に専念する。それができなければ、私は誰かを入れて、会社を次のレベルに引き上げる道を探す。難しい話じゃない。君たちはきっかけをつかんではいる。でも、シリコンバレーは良いもののきっかけであふれているんだ」

珍しい話ではない。投資家の指示によって創業者が経験豊富な取締役にすげ替えられる事例はいくつも聞いたことがある。

「わかりました。ええと、なんとかジャックと話してみます」エスプレッソのせいで、心臓の鼓動が激しくなっている。

「よかった。次に会うのを楽しみにしているよ」

エンジニアをクビにする？

ハンナがオフィスに戻ったときには、夜も遅くなっていた。ジャックはまだコンピューターの前に座っている。ほかには誰もいない。エリックが会議室に潜んでさえいなければ、みんな帰ったようだ。コートを置いて座ろうとすると、ジャックが部屋を横切ってやってきた。

「どうしたの？」とハンナは聞いた。まだ〝重要な話〟の準備はできていない。まずは戦略を練りたかった。

「話があるんだ」

ハンナは話を後回しにしたいので、下を向いた。「今？　まだ注文の入力があるんだけど」

「どうもエリックが仕事を妨害しているようなんだ」

「えっ」ハンナは会議室に目をやる。

「彼はいないよ」

「嘘でしょう。どうして?」

「たまたま聞いたんだ。自分の仕事を守るためにコードをわざと難しく書き直してると、シェリルに言ってた」

ハンナは自分の鞄の上に崩れるように座った。それからいったん立ち上がって鞄をどかし、座り直した。ジャックはデスクの脇でおとなしく待っている。

「ジャック……」

「わかるよ」

この人はわかっていない。半分も。「すぐにCTOを採用しましょう。今すぐに。あなたも私も、エリックの話が本当かどうかわかるほどコードについて知らないもの」自分の会社が目の前で崩壊していく。

「コードの話じゃなくて、エリックの話をしているんだ。ピボットに不満なのはわかっていたけれど、これはやりすぎだ。しかもデマを広めてる」ジャックはぐっと唾液を飲み込んだ。「君の悪口を言ってる」

「クビにしないと。私たちでクビにできる?」

「どうだろう」

ハンナはノートPCを開いた。手が少し震えている。カフェインのとりすぎだ。

「で、テンゾー・ファームには電話したの?」

「今はエリックのことを考えないと」

つまり、ジャックは電話していない、と。

「私……考えないと。明日ゆっくり話させて。ちょっと状況を消化したいの」

ハンナはどうしようもない孤独感にさいなまれた。

契約打ち切りを伝える

ジャックはテンゾー・ファームに電話できないまま午前中を過ごした。今まで、悪い知らせを伝えたことなどなかった。人を解雇したことも。顧客に文句を言ったことすらなかった。言いたかったことは何度もあったけれど。

午後も電話できなかった。退社時間の6時までに電話するか、明日の朝には電話しなければいけないのはわかっていた。翌朝にはハンナに問い詰められるだろう。ジャックはデスクを離れ、海岸沿いの道に向かった。

ティービーの小さなオフィスは、国道101号線の側道とベイショア公園に挟まれた細長い敷地にある。ここには数々のスタートアップ企業、コンサルティング企業、それに動物病院から教育サービスまでさまざまな零細企業が軒を並べており、両端には大手会計事務所と、新興の大金持ちが使う小さな空港がある。

難しい問題に突き当たると、誰もが海岸沿いを散歩した。機密事項でなければ、ハンナは遊歩道を歩きながら1対1（ワン・オン・ワン）のミーティングをするのが好きだった。

ジャックはハンナとの散歩が恋しかった。ここ最近話すことは全部機密事項に該当するかのようだ。ここには自然があり、うなりをあげるコンピューターの前で過ごす日々を癒してくれる。

起業するのを名案だと思っていた頃もあった。デザイナーはあまり起業しない。お金に関わるのが怖いからだ。本当は責任を持つのが怖いのではないか、と今になってジャックは思う。大学を出てから大学院に入るまでに1年間の休暇をとり、たくさんのコンサルティングを行った。顧客を幸せにするだけの簡単な仕事だった。今は混乱している。客とは誰だろう。幸せになりそうな人は誰ひとりいない。

ジェファーソン社に電話してもう一度チャンスをもらおうとしたが、大失敗だった。同社との関係は終わっており、ハンナに言ったのにもう一度同じことを言わなければならないのかと怒られてしまった。ハンナにばれたら、再契約のチャンスをぶちこわしたと罵られるかもしれない。

ようやく携帯電話からテンゾーに電話する決心がついた。ベンチに腰かけて浅瀬を眺めながら、番号を押した。

「お世話になっております、ティービーのジャックです。アツシさんはいらっしゃいますか？」

「はい、私です。お変わりありませんか？　お仕事の様子はいかがですか」

「あの、実はよくないことが……」

「どうしました」

「実は、残念なお知らせがあります。ジェファーソン社との契約が打ち切りになりました。17日以降、抹茶のオーダーがなくなります」

電話の向こうが沈黙に包まれた。「もしもし?」

「はい。あの、何と申し上げてよいか……我々のほうで改善できることはありますか? 品質の問題でしょうか」

ジャックの胃液が喉元までせりあがった。「いえ……私たちがオーダーを間違えて、契約を切られてしまいました。大変申し訳ありません」

「わかりました。すると、来月の生産量を調整しないといけませんね。いいスタッフがパートで来てくれていて、社員として採用するつもりだったんですが……いえ、こちらの話です。すぐにお知らせいただき、ありがとうございます」アッシの声がしっかりした調子に戻った。怒ってはいない。しかし、どことなく痛々しい響きがある。小さなビジネスはいつも先行き不安定なものだ、とジャックはかつて学んだ。今日、テンゾーをあらぬ方向に押してしまったのは自分だ。

「すみません」ほかに言葉が見つからなかった。会話が明るくなりそうな言葉を探したが、浮かんでこない。「残念です」

アッシの溜息が聞こえた。「私も残念です。失礼いたします」ジャックが返事をする前に、電話は切れた。

ジャックはそのままほしばらく座っていた。小川に鷺がとまった。青い水面に、白い羽がぱっと広がる。それでも気は休まらなかった。

そう、僕は製品のことだけ考えているわけにはいかない。ビジネス全体をデザインしなければならない。全体像を理解して、あらゆる判断が正しいかどうか確認しなければならない。このとき初めてジャックは悟った。ティービーとは、おいしいものを美しい箱に詰めただけの存在ではない。ティービーとは、一緒に働く従業員たちであり、彼らと交わす会話である。彼らと立てる計画でもある。大嫌いな数字ですらある。会社はひとつのエコシステムであり、ジャックはただのデザイナーというよりは庭師のような立場だ。仕事をもっとうまくやらなければならない。

ジャックは立ち上がって握りしめた両手をパーカーのポケットに突っ込み、オフィスに戻った。

時間切れ

テンゾー・ファームとの電話はジャックの心に1週間ほど火をつけた。ハンナは引き続き注文を入力していたが、フロントエンド開発担当者のキャメロンに頼んで、送信前にダブルチェックしてもらうようにした。プロセスは前より遅くなったが、これ以上納入業者を失うわけにはいかない。しかしキャメロンは仕事の重要性を理解していないようで、数字のチェックをしながら気軽に話しかけてくる。ハンナはなんともいえない気持ちになったが、これこそが今抱えている最大の問題だ、とはとても言えないと判断して、無視することにした。

モニターを指でなぞりながら1行ずつゆっくりと注文をダブルチェックするキャメロンをその場に残して、ハンナはジャックに近づいた。「一括注文のフローは今週から稼働するのよね?」

「うん、うん。ユーザビリティ・テストをして、何カ所か変更するつもりだけど」

「〈最良は良の敵〉、ね」ハンナはつぶやいた。

「は？」ジャックは顔も上げない。

「なんでもない。とにかく稼働させて。お祝いにニューカッスル・ブラウン・エールを買っておくから」ニューカッスルはジャックの好物だ。高くつくけれどご機嫌はとれる。稼働させてくれるならなんでもいい。

「今夜、デイリー・ブレッドでテイスティングがあるんだけど」ジャックはおずおずと言った。

「冗談でしょう？」

「ごめん、何カ月も前からの約束なんだ」

ハンナの視線がOKRポスターをさまよった。何週間も掲示している間に、色あせて読みづらくなってしまった。次のステップがこちらをにらんでいるようだ。「3人の営業担当者を採用する」

ハンナはそっぽを向いた。「あなたはテイスティングへどうぞ。私は目標があるんで。せいぜい頑張って」

求人を出すために、急いでデスクに戻った。一瞬立ち止まって、ジムから学んだことをジャックにいつ話すかを考えようとした。でも、ひょっとして、ジャックも自分なりに改善に取り組んでいるのかもしれない。

そうこうしているうちに、四半期の終わりがついにやってきた。

さんたんたる結果

　ハンナはＯＫＲを確認するためにジャックを会議室に引きずり込み、またしてもエリックを追い出した。エリックは「ホームページの読み込み時間を０・５秒短縮しました」などと自慢している。ジャックは前より敵意のこもった声で「出て行ってくれ」と言い渡した。

　ハンナはＯＫＲのプリントアウトをテーブルに並べ、赤ペンを取り出して達成できなかった項目を囲みはじめた。紙はみるみる赤くなっていった。

「営業チームは？」とジャック。

「フランクはよくやっているけど、採用できたのは彼ひとりだけよ。四半期が半分過ぎるまで私が広告を出さなかったから。これは？」そう言ってハンナは、「再注文のうち50パーセントはお客様自ら実行」を指さす。

「わかってるだろう。一括注文システムは先週稼働したばかりなんだから」

「どこかに稼働率があるはずだけど」と、ハンナは紙の束をばらばらとめくって探す。

「あった。ええと、いまのところ15パーセントね」

「新しいシステムだからね。お客様をいらいらさせたくなかったんだ。だから、まだレストラン数軒と納入業者1社にしか話してない」

ハンナは長い、震えるような溜息をついた。

「まあ、そうよね。もっと早く稼働すればよかったとは思うけど」

ハンナはいったん間をおいて考えをまとめた。

「先週やった満足度調査はある？　結果を分析できるくらいたくさん返ってきた？」

ジャックは親指の爪のささくれを噛みながら、もう一方の手でカラーのプリントアウトを取り出した。

「うん、そうだね。十分な数の回答があった。結果は……良かったり悪かったり、といったところかな」

「じゃ、KRは未達成ね」

「そうだね」ジャックは落胆した。顧客満足度はジャックの最大の関心事だ。

次にハンナが営業成績を取り出した。

「売り上げを見ると……惜しいけれど、実に惜しいってほどじゃない。2カ月めの終わり頃に少し上向きになって、達成できるかと思ったんだけど……ジェファーソンが……」

ジェファーソン社を失った痛みが、毒ガエルのようにふたりの間に立ちはだかった。ふたりはチャートを見つめた。

「つまり、ゼロ？」とジャック。

「ゼロよ。達成できたOKRはゼロ」赤インクの重みが、疲れと怒りを呼び覚ました。

「ありえない。OKRをひとつも達成できてないってなんなの。みんなOKRを達成するために一生懸命努力するはずだったのに、やろうともしなかったみたいじゃない！」

私がやろうとしなかったみたい。と、頭の中の声が言った。

ジャックがやろうとしなかったみたい。と、別の声が言った。

「あのさ、新しいブランディング・システムは稼働したじゃないか。レストランのウェブサイト操作の手伝いもやった。精算のフローも改善した。でも……」ジャックの声がかすれる。「どれもこれも、合意した重点目標ではなかったね」ジャックはパーカーのポケットに両手を突っ込み、目の前の紙を眺めた。ふたりともわかっていた。ジャックのしたことは、なにひとつ目標に関わっていない。

ハンナは唇を固く閉じたままジャックを見た。そして、くるっと後ろを向き、大股で会議室から出て行った。部屋を出ないと。この部屋では悪いことしか起こらない。

ジャックが追いかけた。「出て行ってすむことじゃないよ。話を終わらせないと」と小さな声で言った。オフィスにはまだたくさん人がいる。

「なんで？　はっきりしてるじゃない。私たちは失敗したのよ」ハンナの目に涙が溜まる。

このまま怒っていないと、恥ずかしさがこみあげてくる。

「母はいつも言っていたわ。〈不況のときは、成功したときの行動に戻りがちだ。たとえそれが正しい行動でなかったとしても〉って」

わかっている。自分もジャックも会社を率いるのが初めてなので、怖くなっているのだ。

「あなたは既存顧客のためのデザインとユーザビリティに集中するばかり。私は営業チームをつくるかわりに自分で営業してしまった」声がうわずって感情的になる。「で、今、投資してもらえるだけの結果が出ていない。立ち直れるとは思えない」

ハンナはにわかにオフィスが静まり返っているのに気がついた。恥をさらした嫌悪感がこみあげ、玄関に向かう。もう海岸に逃げてしまいたい。

そのとき、ジャックのポケットで携帯電話が鳴った。画面に〈ジム〉と表示されている。

「ハンナ、ちょっと待って！」怒鳴ってから電話に出た。電話を指さして、ジムだよ、とハンナに伝える。

「ジャックかい？　ジムだ。ちょっとスターバックスに寄ってくれないか。今、打ち合わせしている人がいるんだが、君たちも会うといいかもしれないと思ってね」

「今すぐ行きます！　15分です！」ジャックは明るく言った。

ハンナは顔をしかめた。「ちょっと、ちょっと、まだ話をする準備ができてないじゃない。数字を達成できなかったのに」また声がうわずる。ジャックが恥ずかしさで真っ赤になっているが、ハンナはあまりの怒りに声を落ちつけることもできない。「ジムといったい何を話すつもりなの」

「だから、OKRが機能しなかったことだよ。僕たちのせいじゃない。ジムのシステムを実践したけど、何も起きなかった。あんなの、よくあるシリコンバレーの流行にすぎなかったんだよ」

「ジャック、あなたこれが本当にOKRのせいだと思ってるの？」

「なんとも言えないよ。僕たちのお尻を叩いてくれるはずのシステムだったけど、なにもしてくれなかった」

ハンナの声が低くなる。怒りが限界を超え、落ちつきに変わる。

「なにかが機能しなかったのはたしかね」

ハンナはジャケットと車のキーをつかんで、ずかずかと出て行った。ジャックがあとに続く。ふたりの創業者がドアも閉めずに飛び出していくのを、オフィスの全員が見つめていた。

ハンナとジャック、CTO候補に会う

スターバックスへの道のりはあまりに短かった。途中まで来て、ハンナは車内が静まり返っているのに気がついた。そういえば音楽をかけようとも思わなかった。ジャックは離れて窓の外を見つめている。

ハンナは、駐車場に止まるミニバン2台の間の狭いスペースにシビックをすべり込ませた。ジャックが息を大きく吸い込んで助手席から降りてきたが、いつものようにアメ車の図体が大きいのなんのと愚痴ろうともしない。

奥のテラスに行くと、ジムの向かいに20代後半くらいの黒髪の男がいた。まるでここのオーナーでもあるかのように、ゆったりと椅子にもたれかかっている。短く刈った髪に、レイバンの濃いサングラス。黒いTシャツからはタトゥーがのぞいている。よくよく見るとTシャツは〈マイ・リトル・ポニー〉の絵を〈ドクター・フー〉風にしたパロディ柄で、タトゥーはPerlで書かれたRSA暗号化スクリプト。どこからどう見てもギークそのものだ。

誰だろう、とハンナは思った。また投資家だろうか。私たちが失敗のことを正直に言ったら最後、投資してくれるわけがない。

空いた席を指してジムが手招きした。「やあ、君たちのCTOが見つかったかもしれないよ」

「プレッシャーは勘弁してください」と、ギーク代表が微笑んだ。

じゃ、営業成績の確認じゃないのね、とハンナは腰かけながら思った。緊張しきっていた胃がわずかにほぐれる。

ジムが男を紹介した。「彼はラファエル。SOS社を退職してきたところだ」

「ゲーム会社のですか?」とジャック。

「うん」とラファエル。

「新規上場《IPO》おめでとうございます」とジャックは挨拶した。

「まあね」ラファエルの表情がほころんだ。首尾は上々といったところだろう。

ラファエルがあまり語ろうとしないので、ジムが補足した。「その前はスタートアップをやっていてね、グーグルに買収されたんだ」

「買収雇用《アクイハイヤー》だな。そのあとはオーカットにいて……」ラファエルは肩をすくめた。たとえ会社を畳んだとしても、才能を見込まれて会社ごと買収されたのなら立派なイグジットだ。次のオーカットはグーグルが取り組んだ最初のSNSで、そこで働いていた経歴は誇っていいものだ。

「そんなにすごい経歴をお持ちなのに、なぜどこかのビーチでゆっくりしていないんですか」とジャック。

「まだ仕事をやりきっていないんだ。ゲームはおもしろい。興味をそそられる課題もある。でも、もっとやりたいことがある」

ハンナはジャックを見た。ジャックは背筋を伸ばして懸命に聞いている。

ラファエルが続けた。「最近、高級コーヒーショップで売られている単一産地《シングルオリジン》のコーヒーについて読んでいてね。このやり方なら、生産者が豆を焙煎業者にずっと高い単価で直接販売できる。だから、コーヒー生産国の人々の生活も改善される。同じことがほかの市場でなぜできないのかわからない」

ラファエルはひと息ついて、カップからコーヒーを飲んだ。「君たちの実績についてはジムから聞いているよ。きっとたくさんの人の生活を変えられる」

ジャックから気持ちの重さが徐々に消えていったようだった。「そうなんです！　お茶を買いたたいたり、良い茶葉と悪い茶葉を混ぜて月並みな商品をつくったりするのではなくて、よいお茶をすべての人に届けたいんです」

ラファエルがうなずく。「それは君たちにとってどういう意味があるんだい」

「僕が大切にしているのは品質です。粗悪品は許せません。母はバーゲンが大好きで、セールという名前さえ付けばなんでも買ってくる人でした。僕はジーンズを20本持っていましたが、とても家の外では履けないようなものばかり。で、1本の〈リーバイズ501〉を毎日履いていました。よくできたもの、よくデザインされたものを体験すれば、違いはわかるものです。弊社はそのお手伝いができると思っています」

ハンナはジャックがなぜこれほどまでに完璧主義なのか考えてみたことがなかった。デザイナーによくある奇妙な癖として片付けていた。今わかった。ジャックも使命感を抱いている。ただ、私の使命感と同じではないだけだ。ラファエルが加わってくれれば、地に足のついた経営ができるかもしれない。

ここで私の熱意も披露すれば、ラファエルとの〝契約〟に至ることができるだろうか。

ハンナは割り込んだ。「それに、生産者の生活も変わります。たとえば、ワカマツ・ファームはカリフォルニア州に最初に移住してきた日本人が創業しました。今は文化遺産になっているんですが、近年お茶の生産を再開しました。このお茶をレストランに納品すれば、土地を改善するための資金を調達できます。今朝チャットしたハワイの家族農園も、もっと多くの人にお茶を届けたがっていました。私たちがうまくやれば、それが叶います」

「そういう話が聞きたかった！」ラファエルが拳を打ちつけたので、紙コップが揺れた。

「水準を上げる仕事。起業家が大企業と競争できるようにして、世界を良くする仕事だよ！」

ハンナは胸を躍らせたが、嘘を売り込んでいるようで気まずかった。OKRの話をしないで、ラファエルに加わってもらうわけにはいかない。ジムにも知らせる必要がある。聞かれる前にこちらから話したほうがいい。テーブルの下に両手を隠し、こっそり指輪をいじる。

「あの、お話を進める前に、お伝えしなければならないことがあるんです。私たちは前の四半期に重要なゴールをいくつか定めたんですが、ひとつも達成できませんでした」

ジャックが裏切り者を見るかのような目をしている。たしかに裏切りかもしれないが、嘘を言って来てもらうわけにはいかない。

「私たちは5つのOKRを設定しました。Oは、価値を生む、プラットフォームを提供する、売り上げを上げる……」ここでハンナは黙り込んでしまった。残り2つの目標を思い出せない。ジャックのほうを見たが、肩をすくめただけだった。まあ、今となってはどうでもいい。

「それでですね、すべてのKRを明確な数値目標にしたんですが、なにひとつ達成できなかったんです」ハンナは深呼吸をして、テーブルの全員を見回してから、もう一度ラファエルを見た。

「そのことで、あなたがうちに入ることをためらわれたとしても仕方ないと思っています」

　すると驚いたことに、ラファエルはこれまで以上に明るく話に乗ってきた。

「そりゃ君、やり方がおかしいよ。グーグルでもSOSでもOKRを使ったけど、ちゃんとうまくいったよ。5つのOKRだって？　君も全部覚えてなかったじゃないか。社員がどうやって覚えるんだい？

　クリントンの選挙参謀だったジェームズ・カービルは、政策通のクリントンが重箱の隅をつつかないように、ずいぶん苦労したらしいよ。なんせ、登壇するたびに教育から外交からエネルギーから、あらゆることを盛り込みたがる。そこでカービルは言った。『3つ言ったら、何も言っていないのと同じです。単純にするんです。経済、以上。ひとつの中心メッセージに絞るんです』ってね。OKRも同じだよ。だいたい、目標がそんなにあったら毎週のチェックイン・ミーティングだって永遠に終わらないじゃないか」

「毎週のチェックインですか？」とジャックが聞いた。「ティービーではできるだけ会議を少なくしてるんですが」

　ラファエルが首を振った。「気持ちはわかるけど、ゴールを設定したら、実現するようにお祈りしているだけじゃダメだ。ゴールに向き合って、チームとして実現しなければいけない。つまり、会議は必要。アジャイル開発で毎朝のスタンドアップ・ミーティングと毎週のプランニング・ミーティングが要るのと同じだな。毎週の方向性を決めるフレーム

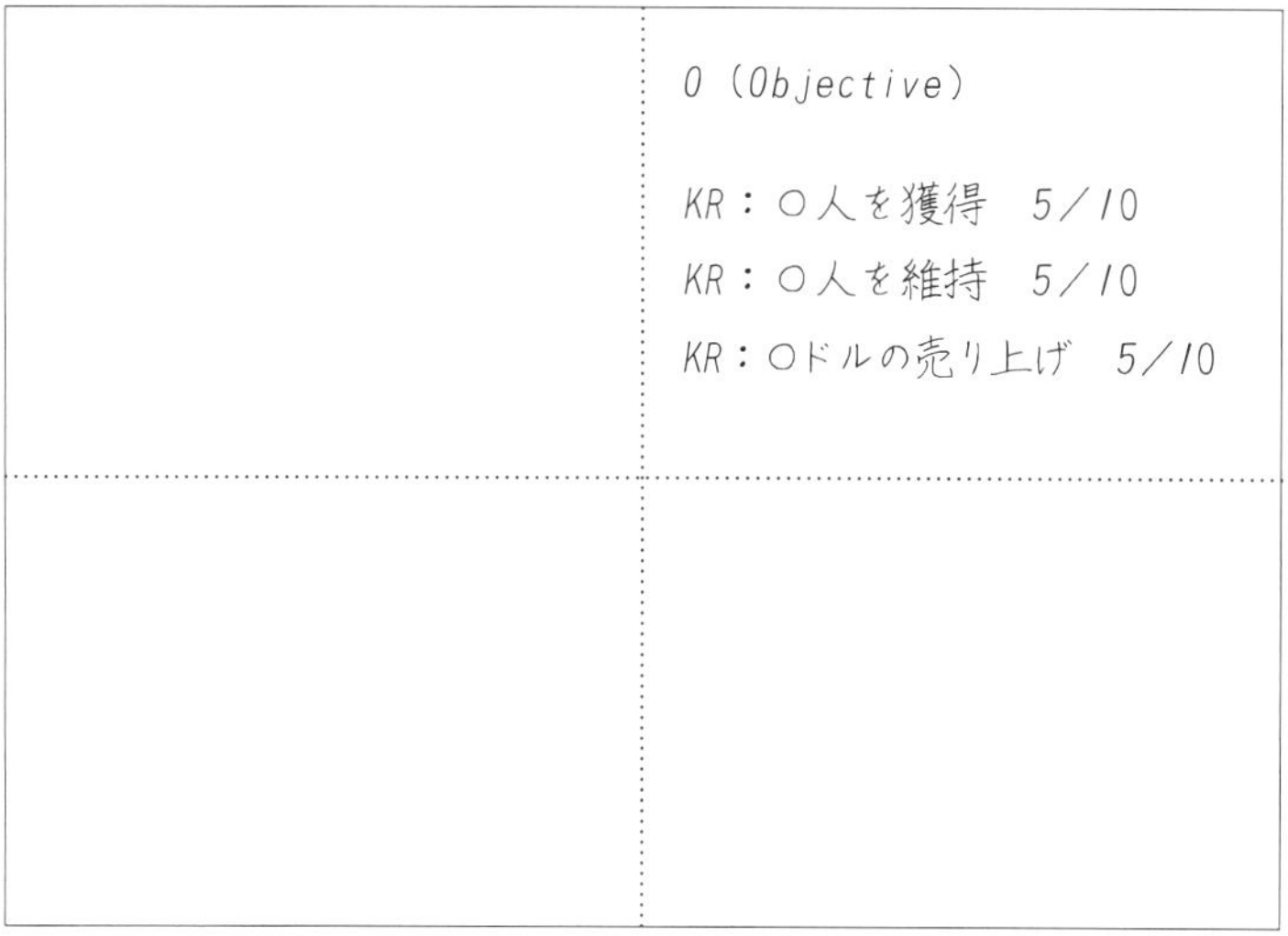

ワークさえしっかりしていれば、意義のある、優れたミーティングになるんだ」

そう言って、ラファエルはナプキンを1枚取ってテーブルに広げた。折り目によって4つの四角形ができている。

ラファエルはパソコンバッグからマジックを取り出して、ひとつの四角の中に「Ｏ」（Objective）と書いた。次に「ＫＲ」を3つ。そして、それぞれのＫＲの横に「5／10」と書き込んだ。

「いいか、Ｏはこの四半期にみんなを鼓舞するものだというのはわかってるな。ＫＲは、正しくやったら達成できる結果だ。でも、ＯＫＲを忘れるのはたやすい。おもしろいことは毎日起きるからね。だから、毎週月曜日にＯＫＲを確認する。我々は目標に近づいているのか、目標から遠ざかっているのかと問いかける。そのためにSOSで使ったのが、自信度の評価だ。四半期の初めに、各KRの自信度を10分の5に設定する」

「50パーセントしか自信がないんですか？　できるかできないか半々ってことですよね」

「そうだ。ゴールを通常のゴールとストレッチ・ゴール［通常のゴールより強気に設定する、思い切ったゴール］に分けてはいけない。すべてストレッチ・ゴールとする。どれも難しくなければならない。でも、不可能とは違う。不可能なゴールは人を憂鬱にするけれど、難しいゴールは人を鼓舞するんだ」

ラファエルはテーブルを見回した。ハンナが前のめりになっていて、ジャックは少し引いている。さっきの逆だ。

「で、毎週話し合う。我々は前進したのか、後退したのか。もし、自信度を10分の8から10分の2に落とすなら、なぜ落とすのか知りたいよな。何が変わったのか。状況を把握するだけではなく、理解するのにも役立つ」

ジャックがきっぱり言った。「無理です。追跡する内容はごまんとあります。ほかの指標をただ無視するわけにはいかないでしょう」

ハンナも同意する。「ジャックの言うとおりです。注意を払わなくてよいことなどありません」

ラファエルが首を振って、右下のマスに「健康・健全性」と書き込んだ。

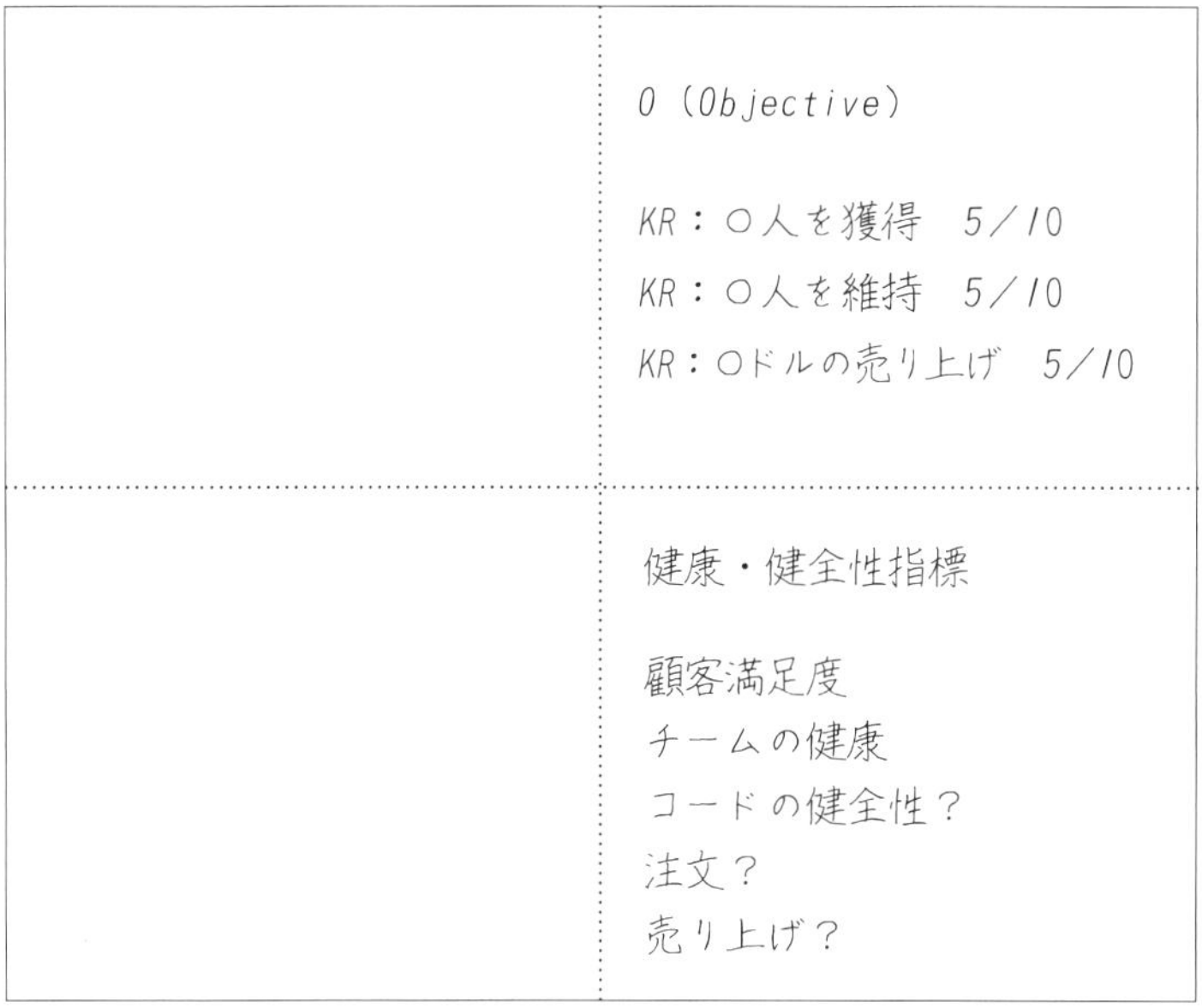

「よく聞いて。この右下に、健康・健全性指標を書き込む。上のマスで〝ムーンショット〟ほど高いＯＫＲを掲げたときに、守らなければいけないのがこの項目だ」と、右上のマスを指さす。

　ハンナとジャックは、よくわかっていないことを確かめ合うように、互いの顔をちらっと見た。ラファエルが深呼吸する。

「よし、説明しよう。パイプラインの急成長を目標に据えたとする。そうしたら、できるだけ多くの納入業者やディストリビューターと提携するよな」

　ふたりの創業者がうなずく。

「でも、顧客開拓を急ぐあまり、既

存の顧客を忘れてはいけない。ということで、たとえばこのように決める」

そして、右下に「顧客満足度：青」と書き込んだ。「こうすれば、お客様が引き続き満足しているかどうか毎週議論できるね。いろいろなやりとりができる」

ラファエルは「チームの健康、コードの健全性、注文、売り上げ」と箇条書きにした。

「でも、ＯＫＲと同様にフォーカスが必要だろう？　だから、毎週いくつかのトピックを取り上げて全社で話し合い、残りはもう少し間をあけて、我々だけで確認すればいい」

ジャックが言った。「顧客満足度は絶対です。あと、コードの健全性でしょうか。ダメなコードは要りませんよね」

「たしかに、ダメなコードは問題の温床だな」ラファエルが同意した。

「ちょっと待って」ハンナが割り込んだ。「コードはともかく、弊社のビジネスは技術じゃないんです。現実的な内容にしませんか。私は売り上げを目標にするのがいいと思うんですが、チームの健康と健全性、それに採算性こそが重要じゃないでしょうか」

ラファエルが答えた。「ＯＫＲは自分が推し進めたいことであり、フォーカスして向上させたいただひとつの領域だ。健康・健全性指標は、監視しつづけるべき重要な点だ。両方同じにしたらあまり意味がないよ」

「顧客満足度とチームの健康はどうするんですか？　社員が燃え尽きないようにしないと」とジャックが聞く。

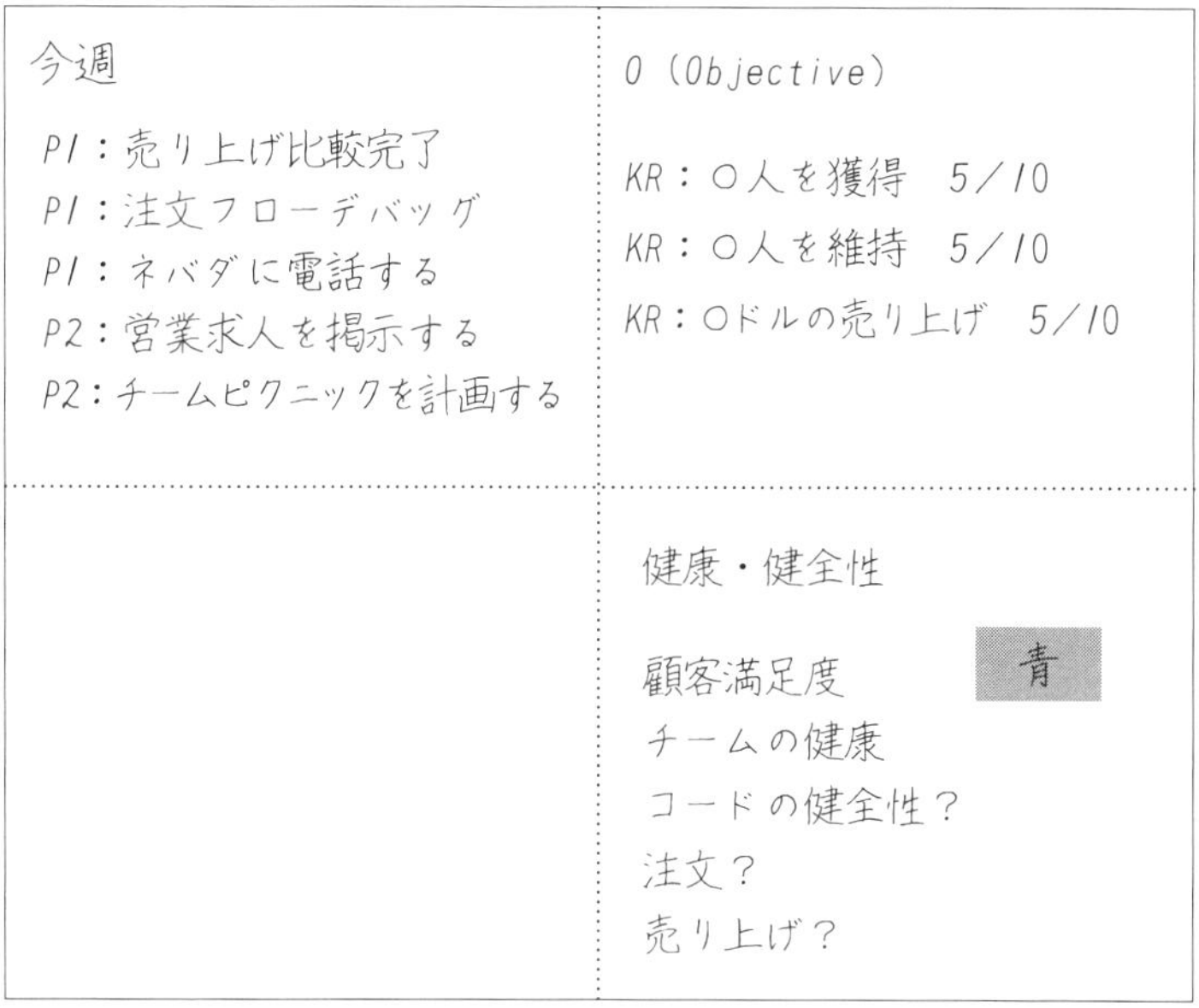

今週	O (Objective)
P1：売り上げ比較完了 P1：注文フローデバッグ P1：ネバダに電話する P2：営業求人を掲示する P2：チームピクニックを計画する	KR：○人を獲得　5/10 KR：○人を維持　5/10 KR：○ドルの売り上げ　5/10
	健康・健全性 顧客満足度　　　青 チームの健康 コードの健全性？ 注文？ 売り上げ？

「あら、私はもう少しみんなが働いてくれても構わないわ」とハンナ。

「仕事量を増やす必要はない。適切な仕事をさせればいいのさ」とラファエルは答える。「よし、まずはそれを目指そう。顧客満足とチームの健康を書き込んで、現時点ではこれでやっていく。これで、推進すべきゴールと維持すべきゴールが定まったな」

続いてラファエルは、ナプキンの左側に「P1」を3つ、「P2」を2つ書き込んだ。

「ここには、君たちがOKRに影響を与えるためにやる大きなことを、3つから5つ書き込む。これは共有するので、君が」とハンナに向かってうなずく。「結果を出すための仕事にみんながちゃんと時間を使っているかどうかを確認できる」

「えっ、毎週の仕事は3つじゃ足りませんよ」ジャックが愚痴った。

ラファエルが答えた。「一番忙しい人を決めるコンテストじゃないんだから、自分がやることを全部書かなくてもいいんだ。やらないとOKRを達成できないようなことを書こう。人生はいつもやることでいっぱいだ。重要なことを忘れないようにするのが秘訣だよ」

「ええ、ええ、わかります。最後のマスには何が入るんですか？」ハンナは左下のマスを指さした。

「俺は予告《ヘッズアップ》と呼んでる。気持ちが新たになり、やる気も出てきた。

「俺は予告と呼んでる。君が来月に起こってほしいと思う重要事項のパイプラインだ。そうやって使えば、手伝いが必要なときに、マーケティング部門、エンジニアリング部門、セールス部門などがのんびりして誰も動けなかったということがなくなる」

「つまり、これを毎週やるんですか」とハンナが聞く。

「そうだ」

「で、それぞれのポイントについて話し合うんでしょうか。ゴールの達成と関係ないことをやっている人は呼び出すようにして」

「それはCEOである君の仕事だね」

今週の優先事項	OKR自信度
P1：TLMフーズ社との契約を締結 P1：新規注文フローの仕様確定 P1：信頼できる営業候補3人と面接	O（Objective）：外食産業向け食品納入業者に対して、高級茶プロバイダーとしての明確な価値を確立する KR：再注文率85%　6／10 KR：再注文のうち20%はお客様自ら実行　5／10 KR：売り上げ25万ドル　5／10
今後4週間ープロジェクト	健康・健全性
受動的な再注文通知 納入業者向けの新セルフサービスフロー お茶の売り上げに関する、納入業者向け指標	チームの健康：　黄色 チームは方向転換で奮闘中 納入業者満足度の健康・健全性：　青

「できるかもしれません」ハンナは考えをめぐらせながら下唇を嚙んだ。「本当にできるかもしれません」

ハンナとジャックは月曜日からラファエルを暫定CTOに迎えることにした。双方にとってのお試し期間だ。でもハンナにとっては、もう問題は解決したも同然だった。ラファエルは完璧な共同創業者だ。孤独がほんの少しやわらいだ。

OKRをやり直す

ラファエルを迎える前の日曜日、3人でパロアルト・カフェに集まった。朝早いので、小さなコーヒーショップにはほとんど人がいない。スターバックスとフィルズ・コーヒーは日曜なのに出勤前のビジネスパーソンで外まで列ができていたが、パロアルト・カフェの開店時の客はティービーの一行と親子が一組だけ。小さな男の子が古い木のテーブルの下にもぐり込むのを父親が眺めている。

ハンナとジャックはパロアルト・カフェの熱狂的なファンだった。紅茶のことを本当に考えている数少ないコーヒーショップで、ティービーの初めての顧客でもある。だいたい10時までは静かで、その時間になると、家族連れ、ダイスで遊ぶ老紳士たち、それにライターたちが、のんびり時間を過ごしにくる。起業家とベンチャー・キャピタルが互いにプレゼンし合う光景がないカフェは、シリコンバレーでは絶滅危惧種と言っていい。

新しく結成された経営チームは、ここで計画を始めた。

「ラフをチームミーティングで紹介しようか」ジャックはラファエルの名前を親しげに縮

めて言った。

「サプライズは歓迎されないわよ。ミーティングの前に、一人ひとりに紹介しましょう」とハンナが提案する。

「うん、前の会社でもそうだったよ。あと、今夜のうちにメールでお知らせを送っておくといい」とラファエルが同意する。

そこでジャックは眉をひそめた。ハンナを見て言う。「エリックのことは？」

ハンナがあごで合図する。「続けて」

ジャックは奥歯にぐっと力をこめて、胸のうちを話した。「ラファエル、うちのチームのやつが……コードをいじってたんだ。わざとややこしくして、ほかの人が作業できないように」

「クビだ」とラファエルが即答する。

「で、ラファエルはCTOになったので、実際に見てもらって、クビにできるならしてもらおうと」

「ダメだ。君たちが採用したんだから、君たちがクビにするんだ。そのあとのことは俺がやる」

「でも、困りませんか？」

「難しいシステムじゃない。必要があれば俺が書き直す。ただ、腐ったリンゴはそのままにできない。ことわざどおり、やつらは何でも腐らせるからな。明日の退社までに彼をクビにする。そして外まで送り出す。君たちの言ったようなことをしていたなら、もうコンピューターに近づかせてはいけない」

ハンナはジャックを見る。「あなたが品質管理責任者よね」

ジャックはハンナを見る。「君がCEOだよね」

ハンナはひと息ついて、紅茶を口に含んだ。絶品だ。母親のこと、祖父母のことを考える。テンゾー・ファームやほかの生産者を思い浮かべる。

そして言った。「そのとおりね。彼はクビ」もうひと呼吸おいてジャックを見つめる。「状況が変わらなかったら、次はあなたよ」

冗談なのかどうか、ジャックにはよくわからなかった。

ラファエルは初日、8時に出社した。ハンナはデスクに向かっていたが、あいまいに手で挨拶だけしてまた入力に戻った。しばらくしてコーヒーの香りが漂ってきた。あら、とハンナは微笑んだ。キャメロンが冷凍庫に隠していたとっておきを発見したみたいね。

10時になって会社が人でいっぱいになったところで、エリックが大股で入ってきた。ハンナは入力をやめた。ショータイムだ。隣の机にいるラファエルに向かってうなずく。ハンナはラファエルを連れてエンジニアリング部門の島に向かい、新たに率いることになるチームに紹介した。

「なんかコーヒーの匂いがするんですけど」エリックがとがめるように言った。

「みんながみんな紅茶で一日をスタートするわけじゃないよ」とラファエルが笑った。

「もちろん！」とキャメロン。

エリックは顔をしかめた。しょっぱなからジャブをかわされてしまった。「ラファエルさん、あなたは有名なゲームをつくっているんですってね。でも、言っときますけどお茶は単純なようで難しいんですよ。うちでは注文管理に独自のシステムを導入しています。供給の大きな波は処理するのが難しいんですが、それを予測するアルゴリズムも開発しました」

「それはよかった」とラファエルが答える。エリックがさらに聞く。

「アルゴリズム設計には詳しいですか」

「まあまあかな。前の2社では検索を担当していたよ」

ハンナが会話に割り込んだ。「エリック、ミーティングの前に会議室で話があるんだけど、いい？」

「えーと、まだやることがいくつかあって」

「今すぐよ」

エリックは肩をすくめて、ノートPCに手を伸ばそうとした。

ハンナはマシンの上に手をそっと載せた。「それは要らないわ」

エリックは目を白黒させてから、どうとでもなれという表情で会議室に入った。

ハンナは座って、エリックにも座るように手で促した。エリックは立ったままだった。

「エリック、あなたがコードに何をしているのか、私たちはわかってる。うちではそういうことは認められないの」

エリックはジーンズのポケットに手を突っ込んだ。ハンナは待った。何か言いたくなるのを必死でこらえながら、頭の中で数をかぞえた。やがてエリックが口を開き、無限とも思える長い時間ののちに、ようやく声を出した。しっくりくる言葉が見つかるまで、舌の上で言葉を転がしていたかのようだった。

「お前らがやっていることこそ認められねえよ！　俺が入ったのはこんな会社じゃねえ！」エリックは吐き捨てた。

ハンナは次の言葉を準備しはじめた。しかし、口を開く前にエリックが言葉を続けた。

「ゲーマー野郎と何をするつもりだ。IPOの準備でも始めるのか？　まだカネを引っ張ってこようとしているのか？　農家のことを考えてるのか？　人間のことを考えてるのかよ！」

ハンナは愕然とした。彼は何を言っているのだろう。会社がまともなイグジットに達するのは何年も先だ。ましてやＩＰＯなんて。

「エリック、あのね。しばらく前からＣＴＯを探しているって言ってたでしょう……」

「どうなるんだよ、この会社！　レストランとの取引に戻らないなら、もう辞めてやる！」

エリックはそのまま立っていた。ハンナが説き伏せてくれるように。残ってほしいと頭を下げてくれるように。

ハンナはエリックを見返した。２メートル近い身長でタバコ臭い、コードをいじくり回した、信用ならないアナーキスト。エリックが少しだけ肩を落としたのを見てから答えた。

「私の話を勘違いしているようね。あなたはクビよ」


ハンナとエリックが会議室を出ると、ジャックとラファエルが待ち構えていた。ラファエルは、ミーティングの間に箱詰めしておいた私物をエリックに渡した。

エリックは驚いた。「え、仕事用のＰＣにある俺のデータは持って帰れないんですか？」

ラファエルがジャックに向かって軽くうなずく。ジャックは恐怖心を振り払うように咳払いをしてから、エリックに言い渡した。「悪いが、退職の事情からそれは許可できない」

エリックは華奢で浅黒いラファエルに向かって身を乗り出した。「あんた、だまされてるよ」

「そうかもな。スタートアップだから」とラファエルは肩をすくめた。

エリックはもう一度なごり惜しげにPCを眺めてから、とぼとぼとドアを出て行った。

ハンナが付き添った。

「セキュリティ・コードを変えよう」ラファエルがジャックに言った。

ジャックはじっと立って、現実をゆっくりと飲み込んだ。「やった。ハンナがやったんだ」

「ハンナはCEOだ。そして、エリックは会社を危険にさらしていた。そういう事態を野放しにしておくには、俺らはあまりに不安定で、あまりに新参者だ」ラファエルがそう答えた。

「それはわかります。ただ、僕は……」

ラファエルが振り向いてジャックの目を見た。

「僕は社長を辞任しようと思います。この会社に社長は要りません。でも、製品品質管理者は要る。僕にとって本当に大切なのは、質の高い商品をつくることです」ここまで話したところで口ごもる。「でも、それはティービーに必要なんでしょうか。僕は現実の問題に向き合わないで、不必要なことをずいぶんやってきました。僕は本当の意味での最高製《C》品責《PO》任者になれる自信がありません。呼び名は製品担当副社長でもなんでもいいんですが」

ラファエルがデスクの端に軽く腰かけた。「うまくいくかなんて、誰にもわからない。だから、成功《メイク》まではふり《フェイク》をしろ、といわれているんだ。俺が引きこもってコーディングだけやっていたい気分にならないとでも？　そんなわけがない」一瞬足下を見てから、もう一度ジャックを見つめる。

「自信満々なふりをして、目標にフォーカスしろ。もとの習慣に戻らないようにOKRが引き留めてくれると信じろ。だから俺はOKRが大好きなんだ。安全地帯に戻りたい気分になっても、OKRが約束に縛りつけてくれる。な、俺らはみんなふりをしてるんだ」

ジャックは長い溜息をついた。詐欺師のような気分になっていたのが自分だけではないとわかってほっとした。

ラファエルはデスクからホチキスを取り上げ、くるっと回した。「俺らは互いに、会社に、ゴールに対してコミットしなければならない。あとはがむしゃらに実行するだけさ」

ラファエルは笑った。カチッ、カチッ、カチッ。空に向かってホチキスを空押しする。

ジャックも笑った。

ハンナが戻ってきた。

「どう？」とジャックは聞いた。

「エリックは行ったわ。さあ、仕事しましょう。いろいろ進めたい気分なの」

3人は会議室に向かった。残りの社員はすでに集合している。

会議の冒頭で、ジャックがラファエルを紹介した。

「おはよう。昨日の晩のメールを見てない人がいたら……彼はラファエル。暫定CTOとして来てくれているけど、うまくいけば正社員になってくれるかもしれない」

ナオコやキャメロンなど何人かは礼儀正しく笑みを浮かべていたが、ほかの人は視線を下に向けてノートPCを見ている。まるでロボットに話しかけているようだ。

ハンナが立ち上がった。「みなさん、これから変わるのは、ラファエルが入ることだけではありません。まず、PCを閉じて。全員注目して」そして待った。

シェリルを除いて、みんながPCを閉じた。

シェリルが指を立てて言った。「ちょっとバグを直してるんですけど……」

「そのバグは、ミーティングが終わってもあるんじゃない？」

部屋が静まり返った。やがて、シェリルがPCを閉じた。

ハンナは前四半期のOKRから説明を始めた。

「ほとんどのみなさんは前四半期のOKRを達成しませんでした……」

全員が一斉に言い訳を並べはじめた。

「サイトのパフォーマンスに問題があって」とシェリル。

「ロス・ガトス社の注文ミスと納品遅れの対策があったんで」とキャメロン。

「マーケティングの方法も不適切では」とアーニャが提案する。

「ふたりめの営業も採用してません」とナオコが付け加える。

ハンナは割り込んだ。「でも、それでいいの」

全員が黙った。

「ううん、いいとはいえない。でも、予想どおりよ。あちこちで聞いて回ったんだけど」とラファエルに向かってうなずいた。「初めてOKRを導入すると、たいていのチームが失敗するんですって。だから、もう1四半期やってみたらきっとうまくいく」

シェリルが聞いた。「でも、そんな暇あるんですか？　大企業みたいなことをするには、当社は小さすぎませんか？」

ハンナはこの疑問への答えを用意していた。「グーグルは創業1年でOKRを導入してうまくいった。OKRは小さな企業を大きくするためにも有効なの。それに、目標達成こそできなかったけれど、ありがたいことに、フォーカスに問題があるということがわかった」

沈黙。ハンナは続ける。「ということで、この四半期は少しやり方を変えます。まず、会社のOKRはひとつだけ。成功と失敗を分けるたったひとつの点にフォーカスするの。それは、納入業者との関係です」

ハンナはみんなを見回す。ほとんどの顔はうつろだったが、ラファエルのきらめくような微笑みが目に入って、先に進む勇気が湧いた。

「2番めに、会社のゴールに結びついたOKRをグループごとに設定します。3番めに、それぞれのKRに自信度レベルを設定します。成功する自信度が50パーセントの目標にしなければなりません。ゴールは全部ストレッチ・ゴールです。そして一番重要な点として、OKRの確認と、週ごとにやるべきことを、毎週ミーティングでチェックします」

チームはまだ暗い雰囲気だった。でも、シェリルとキャメロンが少し前傾姿勢になっている。この人たちは、私の気持ちを共有してくれている。

「毎週の進捗確認ミーティングで使いたい形式があります。これを使って優先順位と自信度の変化を共有しましょう。これは業務評価ではありません。脇道にそれずにゴールを達

O（Objective）：外食産業向け食品納入業者に対して、高級茶プロバイダーとしての明確な価値を確立する
KR：再注文率85%　5／10
KR：再注文のうち20%はお客様自ら実行　5／10
KR：売り上げ25万ドル　5／10

成するための方法なの」

ハンナはホワイトボードに4つの四角形を書いた。

「以降、この形式を使います。毎週モデルを更新するのに10分以上はかからないはず。最初はもう少しかかるかもしれないけれど、あとは修正するだけだから。

右上にはOKRを書きます。ここにも、成功できる自信を表す自信度レベルを書き添えます。たとえば、前四半期の当社のOKRはこんな感じ」

ハンナは、ホワイトボードに次のように書いた。

「自信度レベルが全部5になっているでしょう？　これは、大胆だけれど不可能ではない目標にしたいから。3つのうち2つを達成できれば胸を張っていい。会社の自信度は、私が毎週

P1：TLMフーズ社との契約成立
P1：新しい注文フローの仕様をまとめる
P1：信頼できる営業担当者3人と面接
P2：カスタマー・サービスの業務説明を作成

更新します。ラファエルがエンジニアリング部門、ジャックがデザインを含む製品部門、フランクが営業部門、ナオコが財務部門の自信度を同じように更新してください。

自信度を上げたり下げたりしたときは、遠慮なく理由を聞いてくださいね。これがディスカッション用の書類」

ジャックがホワイトボードの左側で説明に加わる。

「ここ、左上には、目標を達成するために今週やるべき最重要事項を書き込むんだ。優先順位をつける。P1はやらなければならないこと、P2はやるべきことだ。それ以下のことはもう書かない。そして、5つ以上は書かないようにする。フォーカスするんだ」

ジャックはホワイトボードにこう書いた。

「P2を足して自分の仕事をほかのメンバーに認識してもらいたくなることもあるだろうけれど、ここでは、細かいことをいちいち知らせるのが目的じゃない。重要なこと、メンバーが手伝えること、あるいは少なくとも認識しておくべきことだけを書くんだ。みんながどれだけ一生懸命やってるかはわかっている。ただ、正しいことを確実にやれるようにしたいんだ」

続いて、ジャックは左下を埋めた。

「ここには、今後進める予定になっている最重要事項を並べる。みんなで認識を合わせて、サーバーを買ったりマーケティングの準備をしたりというときにわかるようにする。これから4週間くらいの主な予定を書く」

最後にハンナは右下を指さした。「ここは健康・健全性の指標。チームを強く前に進めるからこそ、みんなが大丈夫かどうか確かめたい。燃え尽きていたり、取り残された気持ちになっていたりしないようにしたいの。もうひとつの健康・健全性指標は何にするといいと思う？」

各自が追跡すべき項目をどんどん提案し、活発に話し合った。最終的には、「食品納入業者の幸せ」にコミットすることに決定した。そうすれば、みんなが新しい顧客にフォーカスできる。

「健康・健全性は赤、黄色、青のどれかにします。ちょっと大ざっぱなのはわかってるけど、現状についての感触を得て、それをどう直していくかを話し合いたいの。たとえば、顧客満足度については、お客様を失っていれば赤、失いそうであれば黄色」言葉を切ると、やや不安になった。このあと会話がどう進展していくか見当もつかない。「今日は、これをどこに設定したらいいと思う？」

「黄色です」キャメロンが言った。ジャックとハンナは、いつもは楽観的なエンジニアのほうを見た。「ええとですね、おふたりが営業に出られてると電話をとるのはいつも俺なんですよ。シェリルはあまり電話をとりたがらないし、エリックはいつもヘッドホンを着けてます……あっ、着けてました。電話に出ると、納入業者がしょっちゅうウェブサイトの機能について聞いてくるんですね。やっぱりサイトを気に入っていないんだと思います」

ジャックは落胆して顔をゆがめた。ユーザーに気を配らなければならなかったのは自分だ。「わかってる。この四半期に修正しよう」

続いてジャックが持ちかけた。「チームの健康は赤かな？　いろいろ変わったからね」

シェリルが答えた。「黄色じゃないですか？　エリックは自分で思っているほど重要じゃなかったわけで。新しくいらした方次第ですね」そしてにっこりした。シェリルが冗談を言っているのに気がついて、みんなが笑った。

ハンナはようやく気が楽になった。無口なシェリルが冗談を言うくらいなら、この方法はうまくいくかもしれない。「それじゃ、みんな、この四半期のOKRを設定しましょう」

キャメロンが顔をしかめた。「えっ、前の四半期のようにハンナさんが設定するんじゃないんですか」

「ううん。ちょっと聞きたいんだけど、この会議テーブルは取り替えたほうがいいと思う？」

「とんでもない」

「なぜ？　ガタついてるし、営業があとふたり来れば、全員がテーブルのまわりに収まらないけど」

「捨てられるわけないじゃないですか！　俺、このオフィスに来たときのことをよく覚えてます。ジャックとふたりで説明書を理解して組み立てるのに3時間もかかったんですよ」

「でしょう？　私たちは、みんなでつくり上げたものに価値を感じるの。みんなで目標を考える。チームとしてKRを選ぶ。そして、チームとして成功するの。ここはみんなの会社。成功するのも、失敗するのも一緒よ」

そしてチームは新しいOKRと優先順位の検討に移った。

目標に近づいた1カ月後の金曜日

「デモだよ！」ラファエルが大声で呼びかけた。エンジニアたちが席を立ち、大画面テレビにノートPCを接続して、まわりに椅子を並べる。

「全員参加だ！　営業のみんなも集まって！」ラファエルはまだ全員の名前をちゃんと覚えていない。「ハンナ、エクセルを閉じてこっちに来い。ビールも用意したぞ！」

ハンナはデモデー（デモの日）のことをすっかり忘れていた。そういえば、ラファエルに金曜日の4時頃からオフィスを使うと言われていたっけ。エンジニアがこの週に達成した実績のデモを行う計画だった。ハンナは伸びをし、できなくなった仕事を思って溜息をつき、ゆっくりと大画面テレビのほうに向かった。いつもの金曜日は、創業者たちが遅くまで働く中で、社員が気まずそうにひとりまたひとりと帰っていく。気持ちが高揚することもなく、弱音とともに終わるのがいつもの金曜日だった。今日は違うだろうか。

エンジニアたちはコードを紹介し、新しく開発した納入業者向けサポート・インターフェースの一部を見せた。口下手なシェリルも、納入業者の再注文システムにAPIで接続できるようにデータベースを修正したと発表した。ハンナはほっとした。ようやく本当の目標に向かって作業が進みはじめている。

それで終わりかと思ったら、ジャックが立ち上がった。アーニャを促して、ノートPCをテレビに接続させる。「食品納入業者向けの情報ページに関して、新たな方向性がいくつか決まったので、発表させてください」

モックを見て、ハンナの胸は躍った。共通の目標に向かってほかにも進んでいることがあるなんて！　今まで、ジャックとアーニャが一日中何をしているのか、ややいぶかしく思っていたけれど、デザインが完成するまでのさまざまな過程を見たので、ハンナにも高度な仕事だと理解でき、チームへの心証がよくなった。そうすると、ほかの人たちの業務も気になってくる。

デザインの発表が終わったところで、ハンナは前に進み出た。

「すばらしい発表だったわ。ほかのチームの活躍も教えて。フランク、営業部門はどう？」

「ええと、小さい会社ですけど、テイストコ社と契約しました」

ハンナがめずらしく大声で笑った。「えー！　私がずっと追いかけてたのに！　これで中西部にも進出できるわね。すばらしいわ！」

そこにジャックが割り込んだ。「ところで、ハンナは何をしてたの？」

こんな質問を振ってくるのはジャックだけだ。

「パートタイムのカスタマー・サービス担当者を見つけたわ。名前はキャロル・ランドグレン。前はイーペン社のカスタマー・サービス・チームでリーダーを務めていたの。お子さんが小さいので、勤務時間の融通が利く職場を探してた。で、うちが採用できたってわけ」自然に拍手が沸き起こった。

こうしてティービーの面々は、ビールを飲みながらその週のできごとを共有した。ハンナは自分たちが遂げためざましい進歩にめまいがしそうだった。でも、それ以上に重要なのは、オフィスの雰囲気が変わったことだ。ほんの1カ月前には、全員が役立たずの気分でしょげていたのを考えると信じられない。

デスクの端に座っていたハンナの横に、ジャックが歩み寄った。ほかの人に聞かれないように声を落とす。

「アーニャの契約を早期で打ち切ったよ。今日が最終日だ」

「え？　モックは素敵だったじゃない」

「うん、でも更新作業は僕でもやれる。アーニャの仕事はP1じゃなかった。OKRの役に立ってなかったんだ」

ハンナは手に持っていたカップの烏龍茶の茶葉に目を落とした。一瞬、小さな首つりロープのように見えて、眉をひそめる。

「くよくよするなよ。デザイナーはシリコンバレーで引く手あまたなんだから。アーニャも次の仕事を見つけたって。この会社がやっていけるように集中しなければ、僕たちみんなが失業しちゃうからね」

ハンナは静かに微笑んだ。「私みたいなことを言うわね」

金曜日は毎週のリズムの一部になった。毎週月曜日に、全員でその週の計画を練り、互いに対してコミットする。若い会社に必要な、厳しい話し合いだ。そして毎週金曜日に、お祝いをする。ＯＫＲの達成は無理ではないか、と思ってしまうような厳しい週でも、金曜日の〝ウィン・セッション〟（と名づけられた）が、チャレンジを続ける希望になる。士気を上げる効果は絶大だった。誰もが金曜日に発表できる成果を求め、１週間がんばって働く。まるで、会社全体が魔法に包まれたかのようだった。

めでたし、めでたし？

四半期が終わり、ティービーの面々は前期とはまったく違うチェックイン・ミーティングに臨んだ。会社のKR（Key Results）をすべて達成したのだ。一同は喜びのあまり、興奮して誰彼かまわず語り合った。

盛り上がっているところに、ラファエルが冷や水を浴びせた。「みんな、これは良いことじゃないぞ。俺らはサンドバッグを相手にしているんじゃないか？」

「サンドバッグって何ですか」とジャック。

「自分たちがいい気分になるために、本物のストレッチ・ゴールではなく確実に達成できるゴールを設定することだ」

部屋は一気に静かになり、ハンナは歯を食いしばった。士気が下がってしまう。どうやって乗り越えようかとひそかに心の準備をした。

そこにジャックが発言した。

「じゃあ、今期は適切な厳しいゴールを立てればいいじゃない。僕は金曜日のみんなを見

ているからわかる。きっとやれるさ！」
堅物のイギリス人が一生懸命シリコンバレー風に喋るので、みんな笑った。チームは腰を据えて、今期を超える厳しいゴールの設定にとりかかった。

6カ月後、重要項目を達成

次の四半期に、チームは再び集まって四半期のゴールを確認した。ハンナが以前言ったとおり、社員は会議室のテーブルには収まらなかった。キャロルとカスタマー・サービス・チームは壁際に椅子を並べて座り、少し前に営業チームが陣取っている。カスタマー・サービスに新しく入ったミンディは、フランクと親しげに談笑している。

でも、ハンナはあまり気にならなかった。会社のKR（Key Results）は2つしか達成できなかったけれど、達成できたのは重要な項目で、どちらもハンナは内心無理ではないかと思っていたものだったからだ。

次の四半期のゴール設定に関する議論をまとめながら、ジャックはタップダンスを始めそうだった。すべての食品納入業者がサイトを経由して再注文してくれただけでなく、大口の取引先を初めてサイト経由で獲得できたのだ。

その間にラファエルはアルゼンチンに飛んで、現地の農家とコネクションをつくってくれた。これでティービーはイェルバ・マテの生産者と取引し、マテ茶を納入業者に販売できる。マーケティング部長として採用したサラは、マテ茶ブームを仕掛ける作戦を立案した。

朗報ばかりではない。シェリルは難題が解決したところで仕事に飽きて退職した。ただし、円満退職ではあった。毎週金曜日のお祝いでラファエルが会社の目標を何度も伝えたので、エンジニアチームは大きく成長した。ティービーは良い職場になり、世界中の茶葉生産者にとっても良い会社になりつつあった。

1年後

ハンナはデスクに座り、メールを見つめていた。やった。初めての増資サイクル、シリーズAが終了した。そして、追加の出資を獲得できた！　少なくともあと1年の猶予を得られたことになる。椅子を回して男性陣を見た。ジャックとラファエルが前のめりになってジャックのPC画面を見ている。ラファエルが画面の何かを指さした。「汚すなよ！」とジャックが小言を言い、ふたりは笑った。

ハンナはほっと息をついた。今では何もかもが楽になった。毎週、ゴールを共有する。毎週、社員同士が互いを後押しし、支えあう。毎週、数字が伸びていく。ハンナはふたりが新しいバイヤー向けダッシュボードについてあれこれ議論し、アイデアを出すのを眺めた。口論さえも、前よりはずっと楽にできる。

ハンナは椅子に深く腰かけ、淹れたての龍井茶《ロンジン》の器を両手で持ち上げた。朗報はとっておこう。金曜のウィン・セッションは明日だ。とっておきの自慢があるのも悪くない。

第2部

OKRのフレームワーク

THE FRAMEWORK FOR RADICAL FOCUS

なぜ、やり遂げることができないのか

誰でもやりたいことがある。タイに旅行したいかもしれない。学校にまた通いたいかもしれない。でも、何年たってもゴールはゴールのままで、現実にならない。CEOや管理職なら、会社で実現したいことがあるだろう。新しい市場に参入する。モバイル市場を検討する。あるいは、デザインやカスタマー・サービスなど、これまで弱かった部門の競争力を高める。しかし、大きな成功を収めている企業でも、必ず実現すると決意しても、できない場合がある。

なぜだろうか。それほど重要なら、なぜ実現しないのだろう。私は5つの理由があると考えている。

1　ゴールに優先順位を付けていない

古い言い伝えにこうある。「なにもかも重要というのは、どれも重要でないのと同じ」

多くのゴールがどれも同じくらい重要に見えることは多い。しかし、たとえ同じくらい重要に思えたとしても、どれかひとつを選ぶのではなく優先順位なら付けられるだろう。そうしてひとつずつ処理すれば、成功する可能性はずっと高くなる。

会社でも同じことが言える。いや、状況はもっと厳しい。会社では実に多くの人が働いているので、やるべきゴールも当然多くなる。それに、現実問題として、会社の経営自体に労力が要る。会社員は毎日、現状を維持するために一生懸命働く。注文を処理し、顧客をなだめ、ハードウェアを気にかける。そんな状況でゴールを5つも6つも掲げられたところでうるさいだけで、最低ライン以上はほとんどやり遂げられないこと請け合いだ。

O（目標、Objective）をひとつだけ、その目標を測定するKR（主な結果、Key Results）を3つだけ設定することで、小さな脱線がどれだけ発生しても、大きな目標を実現するために必要なフォーカスを維持できる。

2 熱意を持って漏れなくゴールを伝えていない

「言い疲れた頃に、人は耳を傾けはじめる」

——ジェフ・ウィナー、リンクトインCEO

チームでフォーカスするゴールを決めたら、毎日チームに繰り返し伝えなければならない。口頭で伝えるだけでは不十分で、職場生活のあらゆる側面にリマインダーを織り込む必要がある。ゴールに向けての進捗は、状況報告ミーティングと、毎週の状況報告メールに盛り込む。すべてのプロジェクトはゴールと照らし合わせて評価する。ゴールを設定しておいて無視するのは、失敗の簡単なレシピだ。

毎週月曜日のコミットメント・ミーティング、週1回の状況報告メール、金曜日のウィン・セッションでゴールを繰り返し確認することで、従業員全員の頭にゴールが浮かび、あらゆる活動がゴールと結びつくようになる。

3 やり遂げるためのプランがない

実現すべきことがわかったら、あとは意志力があれば十分だと思いがちだ。ひたすら実行あるのみ……なのだろうか？　それは違う。

ダイエットをしようと思ったら、意志力のみに頼るより、支援サービスに入ったほうがうまくいく。フィットネスで健康を維持するなら、意志力のみに頼るより、個人トレーナーを付けるほうが早道だ。なぜだろうか。それは、意志力が有限の資源だからだ。199

6年にロイ・バウマイスターが行った有名な研究がそれを示している。この研究では被験者を2つのグループに分け、一方にはラディッシュ（ハツカダイコン）を食べることを禁じ、もう一方には焼きたてのチョコレート・クッキーを食べることを禁じた。そして、絶対に解けない数学の問題をやらせたところ、ラディッシュを禁止したグループのほうが、クッキーを禁止したグループに比べ、2倍の時間あきらめずにがんばったという（ちなみに私はこの研究から、ラディッシュをがまんするのに意志力があまり要らない、ということも学んだ）。

同僚と衝突したり、同報メールでうっかり「全員に返信」をクリックしてしまったりして仕事を辞めたくなった長い一日のあとで、ひと切れのバースデー・ケーキをがまんするのは、誰でも難しいだろう。

したがって、やるべき仕事に意味を持たせ、疲れていても脱線しないようにするプロセスが必要になる。やる気が出ないときでも、やるべきことを思い起こさせてくれるプロセスだ。当初のOKRシステムは、ストレッチ・ゴール（さらに上のゴール）を賢く設定する方法にすぎなかった。しかし、コミットメント、お祝い、チェックイン・ミーティングなどの周辺システムのおかげで、仕事をするよりクッキーが食べたい気分のときでも、ゴールに向かって歩きつづけることができる。

4 重要事項のための時間を空けていない

「重要なことはめったに緊急でなく、緊急なことはめったに重要でない」

——ドワイト・アイゼンハワー

アイゼンハワーのマトリックスは、一般的な時間管理ツールだ。ほとんどの人は右下の区画（重要でも緊急でもない）に注目して、重要でも緊急でもないことをやめる。しかし、右上の区画（重要だが緊急ではない）について真剣に考え、**やらなければならないこと**のスケジュールを立てる人がどれだけいるだろうか。緊急の仕事は、時間のプレッシャーを重く感じるので、重要であろうがなかろうが終わる。そのプレッシャーをほかの重要な仕事にも持ち込まないかぎり、それらの仕事は明日の世界にあるままだ。私たちは今日の世界に生きているので、明日の世界にあるものには手をつけない。重要事項をやり遂げるには、時間をあらかじめ空けておくしかない。

締切以上にカツを入れてくれるものはない。毎週月曜日に目標へ向かって仕事をするようにコミットすれば、前に進まなければという責任感が確実に生まれる。

5 繰り返さずにやめてしまう

「幸福な家族はみな似通っているが、不幸な家族にはそれぞれの不幸の形がある」

――レフ・トルストイ

私がOKRの導入をお手伝いしているクライアントには必ず、「最初は失敗しますよ」と警告している。実際にどの会社も失敗するが、失敗の形は会社ごとにまったく違う。

楽な目標（サンドバッグ）を設定する人ばかりだと、誰も困難なゴールを設定しないので、最初の導入ですべてのKRを達成してしまう。これは、失敗を怖れ、真のストレッチ・ゴールとはどういうものかを学んだ経験がない会社だ。次のサイクルでは、もっと自らを前に進める必要がある。

一方、常に実力以上の目標を掲げて、誰もKRを達成しないという会社もある。このような会社は、自分にウソをついている。こちらの場合、自分たちの実力を把握しなければならない。

最もよくある失敗は、フォローをしないというものだ。OKRを設定するだけして、残りの四半期の間、無視してしまう会社を星の数ほど見てきた。こうした会社は四半期の終わりになって、まったく前進していないことにショックを受ける。

しかし、成功する会社にはみな同じ特徴がある。「再挑戦をする」という点だ。成功への唯一の望みは、繰り返すこと。同じことをやみくもに何度もやるという意味ではない。それは愚行というものだ。そうではなく、何が機能するかしないかを念入りに観察し、機能する点を増やし、機能しない点を減らす。学ぶことが成功の肝なのだ。

成功への道

成功への道は複雑ではない。ただ、難しい。とても難しい。現実を見ようとせず貪欲になにもかもやろうとするのではなく、どのゴールが最も重要かを見極め、選ばなければならない。自分の考えとメッセージを明確にし、全員が同じように理解できるまで何度も繰り返し伝えなければならない。永遠に来ない明日を願って待ちつづけるのではなく、ゴールを達成するために時間を割かなければならない。疲れているときや落ち込んでいるときも前に進むための計画がなければならない。そして、失敗し、学び、何度も挑戦するための心構えができていなければならない。

夢への旅路は願うことから始まる。だが、夢に到達するには、フォーカスし、計画し、学ぶ必要がある。

OKRの導入前にミッションを確認する

ほとんどのスタートアップは、会社のミッションを掲げることに抵抗感を持つ。ミッションなど大企業の宣伝活動の一環であって、無駄《リーン》がなく、俊敏《アジャイル》なスタートアップがこねくり回すものには思えない、という。

しかし、これは誤解だ。ほぼすべてのスタートアップは、たとえ明文化されていなくても、なんらかのミッションのもとで起業する。

もしあなたがお金を儲けるためにスタートアップを始めようとしているなら、なにか勘違いしている。大手法律事務所のアルマンド・ローが最近発表した研究によれば、スタートアップの90パーセントは失敗に終わるという。お金がほしいなら、ウォール街のコンサルティング企業に入社するほうがはるかに安全だ。しかし、もしあなたが世界を変えたいとしたら（それだけでも途方もないゴールだが）、そのための会社を立ち上げるしかない。起業する人は、世界を変えたいと思っているということだ。つまり起業家はすでにミッションを抱えているのだ。

ミッションの原型は、創業者のこんな言葉かもしれない。「学生が本当に良い先生を見つけられればいいのに」「ポーランドにいる両親と動画を共有するのがもっと簡単になればいいのに」「お気に入りのカフェでおいしいお茶を飲めればいいのに」

調査を進めるうちに、同様の問題の解決を願う市場があるとわかってくる。最後にそれがミッションに結実する。「知りたいことを教えてくれる先生が見つかる」「思い出を簡単に共有して離れればなれの家族を結ぶ」そして「お茶を愛する人に、よいお茶を届ける」のように。

偉大な詩でなくても構わないが、シンプルで覚えやすく、時間の使い方を決める指針となる言葉でなければならない。

良いミッションは、全社員が覚えていられるくらい短いものだ。優れたミッションは人を鼓舞し、それでいて方向性がはっきりしている。グーグルのミッションは、関係者でなくても知っているくらい力強い。「世界中の情報を整理し、世界中の人にアクセスできるようにすること」

アマゾンのミッションはこうだ。「地球上で最もお客様を大事にする企業を目指し、お客様がオンラインで求めるあらゆるものを検索、発見できるようにするとともに、可能なかぎりの低価格で提供する」。後半部分を忘れたとしても、お客様を大事にするという部分は覚えていられる。ジンガのミッションはシンプルだ。「ゲームで世界をつなぐ」。そして、フィルズコーヒーのミッションは、注文したときに店員に聞けばすぐに教えてくれるだろう。「人々の毎日をよくする」

ミッションは短く、覚えやすいものにする。日々の仕事で疑問を抱いたときに、すぐ思い浮かんで答えを導いてくれるものでなければならない。

ミッションをつくるには、次のシンプルな公式から始めよう。

私たちは、［価値提案］によって、［市場］における［問題点を取り除きます／生活を向上させます］

次に、推敲を重ねる。さきほど例として挙げた短いミッションのように、価値提案だけで十分な場合もある。

会社を経営していると、市場を乗り換えたり、ビジネスモデルを追加したりする場合もあるが、少なくともあなたを5年間支えてくれるミッションを探そう。ミッションは、OKRモデルのO（目標）と多くの面で似ている。志が高く、覚えやすい。重要な違いは期間だ。目標は1年あるいは1四半期の間は導いてくれるが、ミッションはずっと長持ちする必要がある。

ミッションは会社がレールから外れるのを防いでくれる。OKRはフォーカスを定め、マイルストーンとなる。ミッションなしでOKRを使うのは、ジェット機もないのにジェット燃料を使うようなものだ。ややこしく、方向性に欠け、下手をすれば破滅にもつながりかねない。ミッションさえあれば、四半期ごとのOを決めるのは簡単だ。無秩序に広がる可能性の世界に向き合う必要はなく、ミッションを前に進めるのは何かを話し合うだけでいい。優先順位については議論になるかもしれない。しかし方向性がわかっているのだから、いったん落ちつけば大胆で大きな課題をひとつ選べるはずだ。

ＯＫＲの基本

ゴールを設定するためのＯＫＲアプローチは、グーグル、ジンガ、ジェネラル・アッセンブリーなど各社で使われ、シリコンバレーで成功を収めている会社の間にすさまじい勢いで広がっている。このアプローチを採用する会社は、雑草のように力強く急成長を遂げている。

ＯＫＲはObjectives and Key Results（目標と主な結果）の略だ。ＯＫＲにはある程度標準化された形がある。Ｏは定性的なものをひとつだけ、ＫＲは定量的なものを３つくらい決める。これらを使って、グループや個人を大胆なゴールに集中させる。Ｏは一定期間（たいていは四半期）のゴールを定める。ＫＲは、期間の終わりにＯを達成できたかどうかを判定するのに使う。

Ｏは次の条件を満たすひとつの文とする。

■定性的で人を鼓舞する内容にする

Ｏは従業員が毎朝、わくわくしながらベッドから飛び出すようなものにしよう。ＣＥＯ

やベンチャー・キャピタルであれば、コンバージョン率が3パーセント上がった朝、喜びのあまりわくわくしながらベッドから飛び出すかもしれない。しかし、ふつうの人は、仕事の意義と進歩を実感したときにわくわくするものだ。そして、チームに合った言葉を使おう。「勝ちとる」や「刺さる」のようなくだけた言葉のほうが心に響くなら、そうした言葉を取り入れよう。

■時間的な縛りをつくる

たとえば、1カ月や四半期で実現できるものにしよう。ゴールまでの道のりは、わかりやすい短距離走にしたい。実現に1年かかる目標は、どちらかというと戦略、あるいはミッションかもしれない。

■各チームが独立して実行できるようにする

スタートアップではあまり問題にならないが、大企業では部署が相互に依存し合っているゆえの苦労がある。個人のOは個人で、チームのOはチーム内で完全に完結し、「営業部のせいで達成できませんでした」というような言い訳が通用しない内容にしなければならない。

Oはミッション・ステートメントに似ているが、期間が短い。優れたOはチームを鼓舞し、設定した期間内にやり遂げるのが難しく（それでいて不可能ではなく）、設定した個人やチームが、他者とのかかわりなく独立して達成できなければならない。

よいOはこのようなものだ。

- サウスベイ地区で、法人向けコーヒー小売り直売市場を勝ちとる
- すばらしいMVP（Minimum Viable Product、実用に耐える最小限の製品・サービス）を立ち上げる
- パロアルト地区におけるクーポンの使い方の習慣を変える
- 次の四半期に大成功できるように現ラウンドを締めくくる

続いて、よくないOを紹介しよう。

- 売り上げ30パーセントアップ
- ユーザー倍増
- シリーズBで500万ドルの出資を獲得する

これらのOはなぜダメなのか。それは、KRにすべき内容だからだ。

KR（主な結果、Key Results）の基本

KRでは、感覚的な言葉を定量化する（数字で表す）。KRをつくるには、「どうやってOを満たしたとわかるのだろうか」というシンプルな問いを立てる。そうすると、Oで書いた「すばらしい」「大成功」「勝利」といった表現の具体的な意味を定義することになる。一般的には、3つのKRを定義する。KRの基準は、測れるものなら何でも構わない。たとえば、次のようなものだ。

- 成長率
- エンゲージメント
- 売り上げ
- 性能
- 品質

最後の「品質」に人は振り回されやすいものだ。品質を測るのは難しく思える。しかし、NPSのようなツールを使えば可能だ（NPSとはネット・プロモーター・スコアの略で、

顧客が友達や家族に製品を勧めたいかどうかに基づいて数値化する。ハーバード・ビジネス・レビュー誌の2003年12月の記事『The One Number You Need to Grow（成長に必要なたったひとつの数字）』を参照）。

KRを賢く選べば、成長とパフォーマンス、売り上げと品質のように、相反する可能性のある指標を用いて、力のバランスをとることができる。

「すばらしいMVPをつくる」というO（目標）のKRは、たとえば次のようになる。

- 40パーセントのユーザーが1週間に2回以上再訪する
- 製品を勧めたいかどうかのスコアとして8（10段階中）を獲得
- コンバージョン率15パーセント

難しい目標であることがわかるだろうか。

難しいが不可能ではないKRを設定する

OKRは常にストレッチ・ゴールにしなければならない。そのためには、OKRに10分の5の自信度を設定するとよい。自信度10分の5とは、「目標を達成できる自信が半分しかない」ということだ。自信度1は、「まず無理」、自信度10は「確実に達成できること請け合い」だ。この自信度10は、ゴール設定が低すぎるという意味でもある（「サンドバッグ」と言われる）。失敗すると罰せられる会社では、従業員はやがて挑戦するのをやめてしまう。大きな成果を挙げたいのなら、人より遠くに手を伸ばしても罰せられないようなやり方を確立しなければならない。

KRの設定とはつまり、自分自身と自分のチームが、大きいが不可能ではない仕事を成し遂げる後押しをできるような最適点《スイート・スポット》を探すことだ。半々の確率で失敗する場合こそ最適点だと、私は考える。

自分のKRを見てみよう。「これを達成するにはあらゆる面でベストを尽くさなければいけないな……」と腹の底がむずむずしてきたら、おそらく適切な目標だ。うつむいて「無理だ」と思ってしまう目標は高すぎ、「ちょっとがんばればできる」と思える目標は低すぎる。

OKRのはたらき

OKRは連鎖する。

会社がOKRを設定したら、各部門はその全社OKRに貢献する部門OKRを設定する

O（Objective）：発売時に既存の大手企業と同等のパフォーマンスを実現

KR：アップタイム99.8%
KR：応答時間1秒未満
KR：瞬間的と思われる読み込み時間（アンケートによって測定。ユーザーの90%が「すぐ」ページが読み込まれたと回答したら達成とする）

ことになる。部門ＯＫＲは、全社ＫＲのひとつに対応するものでも、すべてに対応するものでも構わない。

たとえば、エンジニアリング部門が、顧客満足度はスピードと密接な関連があると判断したとする（妥当な判断だ）。そこで、次のようなＯＫＲを設定する（私はエンジニアではないので、これらのＫＲにはあまり鋭く突っ込まないでほしい）。

ご想像のとおり、たとえば製品管理部門などでは部門ＯＫＲを全社ＯＫＲと簡単に合わせられるが、会社の定めたゴールを確実に達成するためには、部門によっては細かく検討する必要があるだろう。ＯＫＲに盛り込まれる価値の大半は、「何が重要なのか」「どうやって測定するか」そして「ビジネス・ゴールとは別の独自の基準で動くのに慣れている部門にとって、どういう意味を持つか」といった話し合いから得られる。

カスタマー・サービス部門、デザイン部門、エンジニアリング部門は、ゴールに近づくために、他部門より努力が必要になることが多い。しかし、努力する価値はある。カスタマー・サービス部門なら、不満を抱いている顧客に上級のプランを提供できないだろうか。デザイン部門なら、定着率を伸ばすようなユーザー・オンボーディング・フロー（登録、デモ、チュートリアルなど、初回ユーザーにそのままサービスやアプリを使ってもらうためのしくみ）をつくれないだろうか。エンジニアリング部門なら、おすすめ表示のアルゴリズムを改善して顧客満足度を向上できないだろうか。社内でつながりのない孤島でいられる部門はひとつもないのだ。

同様に、一人ひとりの従業員も、個人として成長するとともに会社のゴールに貢献する個人OKRを設定する。会社のOKRが顧客獲得に関連していれば、プロダクト・マネジャーは「営業技術の向上」をOに挙げ、KRとして「営業トレーニングを好成績で修了する」「担当製品のコンバージョン率アップ」などを挙げてもよい。

個人OKRは、仕事のスキルを上げるとともに、よりよいプロダクトを生み出す助けにもなるツールだ。また、問題のある従業員に手を焼いているマネジャーにも福音となる。マネジャーはその従業員の個人OKRを一緒に設定すれば、具体的な懲戒処分という事態になる前に軌道を修正するようなゴールを設定できる。測定可能なKRを設定すれば、たとえ状況が改善しなくても、印象だけで従業員を処分しなくてすむ。

ＯＫＲを日常の一部にする

Ｏ（目標）を達成できなかった原因としてよくあるのは、四半期の初めにＯＫＲを設定したのに、そのまま忘れてしまったというものだ。３カ月の間、同僚からの頼まれごとを引き受けたり、ＣＥＯから「読んで取り入れてほしい」と記事を渡されたり、顧客の苦情に対応したり……世の中には常に、成功に結びつかないのに時間を割かなければならないことが１０１個は転がっていて、あなたの気を散らす。そこで、ＯＫＲを毎週のチーム・ミーティング（実施している場合）や毎週の状況報告メールに組み込むことを強くおすすめしたい。自信度レベルを毎週調整しよう。上がったり下がったりした場合は、理由について話し合おう。

ＯＫＲはぶれない明確なゴール

ＯＫＲを四半期の途中で変えてはいけない。設定を誤ったことに気がついたら、くよくよせずに進み、失敗するなり楽々成功するなりの結果が出てから、その経験を活かして次回はもっとうまく設定しよう。最初から完璧な形でOKRを導入できるチームはない。OKRを変えるとフォーカスがあいまいになる。チームのフォーカスを維持することが、OKRの要点のすべてだ。途中で変えてしまうと、OKRにまじめに取り組まなくてもいい、という印象をチームに与えてしまう。

派手な失敗に備えよう

正直になろう。みんな失敗が嫌いだ。失敗に意義があるのはシリコンバレーの誰もが認めるところだが、それでも失敗は愉快なものではない。OKRはノルマを課すためではなく、自分が本当にできることを学ぶためにある。失敗は、高い目標に向かって挑戦しているというポジティブな指標だ。OKRは、できるとわかっている以上のことを成し遂げる後押しをするために設計されている。〝ムーンショット〟を目指せば、たとえ月までたどりつけなくても、きっと壮大な眺めを楽しめる。

プロダクト・チームのOKR

マーティ・ケイガン――シリコンバレー・プロダクト・グループ創業者

過去30年にわたって、ヒューレット・パッカード、ネットスケープ・コミュニケーションズ、AOL、イーベイなど世界有数の成功企業で、経営幹部としてプロダクトの定義や設計に関わる。

OKRは非常に汎用的なツールで、業種や役職を問わず導入できるだけではなく、個人の生活にも取り入れることができる。しかし、あらゆるツールと同様に、ベストな適用法を検討すべきだ。OKRは、大小さまざまなテクノロジー企業で特に顕著な成功を収めたが、チームや会社が実行力を高める取り組みを進める中で、いくつもの重要な教訓を得られた。

シリコンバレー企業の中心的存在は、プ、ロ、ダ、ク、ト、・、チ、ー、ム、（耐久財プロダクト・チーム、専門プロダクト・チーム、アジャイル・プロダクト・チームなど）だ。プロダクト・チームは職域を超えた専門家のチームで、多くの場合はプロダクト・マネジャー、プロダクト・デザイナー、数名のエンジニアで構成される。さらに、データ・サイエンティスト、ユーザー・リサーチャー、テスト自動化エンジニアなどの専門的なスキルを持ったスタッフが加わる場合もある。一般に、各プロダクト・チームはその企業の特定の製品や技術を担当することが多い。たとえば、あるプロダクト・チームはモバイル・アプリ担当、別のチームはセキュリティ技術担当、さらに別のチームは検索技術担当、といった具合である。

重要なのは、これらのさまざまなスキルセットを備えたスタッフは通常、会社の各部署から集められるにもかかわらず、毎日休みなく、職域を超えたチームの中で製品や技術の困難な問題の解決にあたっているということだ。

大企業では、こうした職域を超えたプロダクト・チームが20から50組もあり、それぞれ異なる領域を担い、独自の目標を掲げることが少なくない。こうしたチームが取り組む問題は、お察しのとおり、プロダクト・チームのOKRを通じて伝えられ、検証・追跡される。OKRは、各チームが会社の目標に沿っていることを確認するのにも役立つ。さらに、大きな企業で、それぞれのチームが企業全体にどう貢献しているかを理解したり、チーム間の業務を調整したり、重複を避けたりするには、OKRはますます欠かせないツールとなる。

ここでこの説明をしたのは、初めてＯＫＲを導入する企業は、**機能別部署ごと**にＯＫＲを作成する傾向があるからだ。たとえば、デザイン部門はレスポンシブ・デザイン［ＰＣとスマートフォンなど、ユーザーの環境に合わせて表示を変えること］への移行を、エンジニアリング部門はアーキテクチャのスケーラビリティやパフォーマンスを、そして品質管理部門はテストとリリースの自動化を、それぞれ目標に設定するといった形だ。

その場合に問題になるのは、機能別部署に属する個々の従業員が、職域を超えたプロダクト・チームを構成しているということだ。プロダクト・チームにはそのチームが担う製品あるいは技術に関連した目標（顧客獲得コストの削減、１日あたりアクティブ・ユーザー数（ＤＡＵ）の増加、新規顧客のオンボーディング時間の削減など）があるが、チームの各メンバーには、機能別部署のマネジャーに命じられた目標があるかもしれない。

デザイナーはレスポンシブ・デザインへの移行に、エンジニアはプラットフォーム変更に、品質管理担当者はツールの更新に時間を割くように命じられたとする。これらはそれぞれ意義のある仕事かもしれないが、職域を超えたチームを結成する理由となったビジネス上の問題解決につながる可能性は高くない。さらに、プロダクト・チームのメンバーがどの仕事に時間を割くかで板挟みになり、その結果マネジャーもメンバーも混乱し、フラストレーションが溜まって、残念な結果に終わるということもよくある。

しかし、この事態は容易に避けられる。

ＯＫＲを企業に導入する場合、ＯＫＲをプロダクト・チームのレベルにフォーカスすればいいのだ。従業員の関心を、プロダクト・チームの目標に向けるのだ。デザイン、エンジニアリング、品質保証などの機能別部署に大きな目標（レスポンシブ・デザイン、技術的負債の解消、テスト自動化など）があるのなら、それらはほかのビジネス目標とあわせて経営幹部レベルで議論し、優先順位を付け、関連するプロダクト・チームの目標に組み込む。

機能別部署のマネジャーが、自分の部署に関連する個人目標を持つのは構わない。そういった立場の人は通常プロダクト・チームに入っていないので、板挟みになることがないからだ。たとえば、ユーザー・エクスペリエンス・デザイン部長はレスポンシブ・デザインへの移行戦略、エンジニアリング部長は技術的負債を解消する戦略の立案、プロダクトマネジメント部長はプロダクト・ビジョンの作成、品質管理部長はテスト自動化ツールの選定をそれぞれの目標にすればいいだろう。

また、プロダクト・チームの個々の貢献者（エンジニア、デザイナー、プロダクト・マネジャーなど）が、特定のテクノロジーに関する知識を深めるなど個人の成長に関連する目標を多少掲げても、通常は大きな問題にはならない。ただし、当然ながらプロダクト・チームへの貢献が最も重要な仕事なので、この仕事を妨げなければ、という条件がつく。

企業におけるＯＫＲの連鎖の鍵は、職域を超えたプロダクト・チームを頂点とし、そこから部門や事業単位のレベルに下ろしていくことだ。

ＯＫＲの実行を習慣にする

ＯＫＲを試験的に導入する多くの会社は失敗し、それをシステムのせいにする。しかし、どんなシステムでも、実際にうまく運用しなければ機能しない。四半期の初めにゴールを設定して、その終わりには魔法のように達成できていると期待するのは、あまりにも考えが甘い。ハンナとジャックの会社の例で説明したように、コミットメントとお祝いのリズムをつくることが重要なのだ。

エンジニアがソフトウェア開発に利用する「スクラム」という手法がある。これは、ゴールに到達するためにチーム・メンバー各自が責任を持ち、支え合うというものだ。メンバーは毎週、今週のできごと、来週の実行にコミットする内容、そしてゴール達成を阻む障害を共有する。より大きな企業では、「スクラムのスクラム」を開催して、ゴール達成のために各チームが互いに責任を担い合うようにする。職域を超えたグループで同じことができない理由はない。

月曜のコミットメント

毎週月曜日、チームはチェックイン・ミーティングを行ってOKRの進捗をチェックし、会社の目標達成に向けたタスクにコミットする。私がおすすめするのは、4つの四角形からなる形式だ。

今週の優先事項：目標に向けてやるべき特に重要な仕事を3〜4つ挙げよう。この優先順位によってOKRが達成できるか話し合おう。

今後4週間：チームに知らせるべき今後の予定。メンバーがそれらの予定に貢献したり、準備ができたりする。

OKR自信度状況：自信度10分の5を設定したとして、それが上がったか下がったか。またその理由について話し合おう。

健康・健全性指標：すばらしい結果を目指して歩む一方で守りたいことを2つ選ぼう。失ってはいけないものはなんだろうか。顧客との関係？　コードの安定性？　チームの健康・健全性？　悪化してきたときに把握して、話し合おう。

この表は、とにもかくにも会話のためのツールだ。次のようなことを話し合うのに使お

今週の優先事項

P1：TLMフーズ社との契約を締結

P1：新規注文フローの仕様確定

P1：信頼できる営業候補3人と面接

OKR自信度

O（Objective）：外食産業向け納入業者に対して、高級茶プロバイダーとしての明確な価値を確立する

KR：再注文率85％　6／10

KR：再注文のうち20％はお客様自ら実行　5／10

KR：売り上げ25万ドル　5／10

今後4週間ープロジェクト

受動的な再注文通知

納入業者向けの新セルフサービスフロー

お茶の売り上げに関する、納入業者向け指標

健康・健全性

チームの健康：　黄色

チームは方向転換で奮闘中

納入業者満足度の健康・健全性：　青

う。

- この優先順位はOKRの達成につながるか。
- OKR達成の自信度が下がっているのはなぜだろうか。手伝える人はいないだろうか。
- 新しい大きなことに取り組む準備はできているか。マーケティング部門は製品部門の計画を把握しているか。
- 従業員を追い込んでいないか。あるいは、コードで手抜きが蔓延していないか。

ミーティングでは4つの四角形だけに議論を絞る方法もあるが、四角形は状況の概要を説明するためにだけ使って、詳細文書で指標、プロジェクトのパイプライン、その他関連する更新事項を補っても構わない。状況報告ミーティングの適切な頻度は、会社によって異なる。

できるだけシンプルなしくみにとどめよう。状況報告ミーティングが多すぎると、チームメンバーはどんな些細なことでも挙げて、自分の存在を正当化するようになる。日常業務については、各チームの選択を信頼しよう。ミーティングの雰囲気をコントロールして、チームメンバー全員がコミットして共通のゴールを達成するために、互いに助け合うようなムードにしよう。

優先事項の数は少なめに、更新頻度は短くしよう。話し合いの時間をとろう。月曜日のミーティングに確保した時間のうちプレゼンの時間は4分の1だけにして、残りの時間で次のステップについて話し合うといい。時間より早く終わるのは良い兆候だ。1時間を確保したからといって、まるまる1時間使わなければいけないわけではない。

金曜は勝者のために

チームが高みを目指せば、失敗も増える。高い目標を掲げるのはよいが、ゴールの達成に失敗したときにゴールにどれだけ近づいたかわからないままでは、憂鬱になりがちだ。だからこそ、金曜日のウィン・セッション（勝者のセッション）がきわめて重要になる。金曜日のウィン・セッションでは、各チームが見せられるものをなんでも見せ合う。エンジニアは作業中のコードを、デザイナーはモックやマップを見せる。どんなチームにも共有できることがあるはずだ。営業部門は成約に至った顧客を紹介できる。カスタマー・サービス部門はサポートした顧客について話せる。ビジネス開発部門は取引の概要を共有できる。

このようなセッションには、いくつものメリットがある。まず、メンバー自身が、特別な勝者のチームに属しているような気分になれる。次に、共有できるものをつくることが、チームにとっての楽しみになる。メンバーが勝利を求めるようになる。そして最後に、会社が各部門の仕事に感謝し、社員が日々何をしているのかを理解するようになる。

ビール、ワイン、ケーキなどチームの好みに合った金曜日の飲食物を提供するのも、大事にされているという気持ちをチームに持ってもらうために大切だ。チームが小さく、会社で費用を負担できない場合、従業員がお金を入れる「金曜日のウィン・セッション用の貯金箱」を用意するのもよいだろう。ただ、チームが大きくなったら、会社はサポートのしるしとしてお祝い用のお菓子や酒の代金を負担すべきだ。考えてみてほしい。プロジェクトで働く人たちは会社にとって最大の資産だ。彼らに投資するのは当然ではないだろうか。

ＯＫＲはゴール設定に適したしくみだが、達成するためのシステムがなければ、流行りのほかのプロセスと同様に失敗に終わる可能性が高くなる。チームに対して、従業員同士に対して、全員の未来に対してコミットしよう。そして、毎週コミットメントを新たにしよう。

ＯＫＲ設定ミーティングを開催する方法

ＯＫＲの設定は難しい。自分の会社をつぶさに観察しなければならないうえ、会社が進むべき方向について、厳しい話し合いをする必要もある。最高の結果を得るため、ミーティングは必ず緻密に構成しよう。次の四半期にはこのＯＫＲを生活の一部にするのだから。

ミーティングは小規模（できれば10人以下）にする。ＣＥＯなどのリーダーが主催し、上級経営幹部など責任者を入れること。電話とコンピューターは遮断する。そのほうが、参加者がすばやく行動し、議題に集中できる。

ミーティングの数日前に、会社が集中して取り組むべきだと思う目標をすべての従業員に提出してもらおう。締切までの時間はごく短くする。24時間もあれば十分だ。プロセスを遅らせたくはない。それに、忙しい会社の「あとでやる」は「いつまでもやらない」と同じだ。

そして、コンサルタントや部門長などに、最も優れた目標「Ｏ」（Objective）と最も多かった目標「Ｏ」をまとめるように依頼しよう。

ミーティング時間は4時間半確保しよう。30分の休憩を挟み、2時間のセッションを2回行う。

後半のセッションをキャンセルできるくらい早く終わらせることを目標に、集中してミーティングを進めよう。

経営幹部チームにはそれぞれ目標をひとつか2つ考えてから、ミーティングに臨んでもらう。従業員が発案した目標を付箋《ふせん》に書いて、経営幹部にも目標を追加してもらう。大きさの違う付箋を用意して、目標には大きい付箋を使うことをおすすめする。細かい字は読みにくいからだ。

次に、チームに付箋を壁に貼ってもらう。重複した内容は統合する。特定のゴールについての懸念を示すパターンを見つける。同じような目標を統合し、上から順に貼ってランク付けする。最後に、付箋の数を3つに絞る。

話し合う、議論する、争う、ランク付けする、選ぶという順番だ。

スピードはチームによって異なる。ここまで終わった時点で、そろそろ休憩に入るタイミングかもしれないし、まだ1時間残っているかもしれない。

次に、経営幹部チームのメンバー全員に、目標を測定するための指標をできるだけ多く書き出してもらう。これはデザイン思考の手法で、フリーリスティングという。あるトピックについてのアイデアを、ひとつずつ付箋を変えてできるだけ多く書き出す。1枚の付

箋紙にひとつのアイデアを書くことで、データを並べ替えたり、捨てたり、さまざまな方法で操作できる。

フリーリスティングは効率的なブレインストーミング法で、アイデアの質も多様性も上がる。チームには、落ち着いて取り組める最低限の時間より少し長めの時間を割り振る。10分くらいが適切だろう。できるだけ多くの興味深いアイデアを得たい。

続いて、アフィニティ・マッピングで付箋を関連付ける。これもデザイン思考の手法で、簡単に言うと付箋同士をグループ化することだ。ふたりがDAU（1日あたりのユーザー数）を書き出したら、それらを重ねて貼り、その指標に2票入ったと数える。DAU、MAU（1カ月あたりのユーザー数）、WAU（1週間あたりのユーザー数）はすべてエンゲージメントに関する指標なので、隣同士に配置する。最後に、3つの指標を選ぶ。

KR（Key Results）は、「〇ドルの売り上げ」「〇件の新規獲得」「〇人のDAU」のような形で、数字を先に書く。まず何を測定対象にするか話し合って決め、それから各測定対象の値とその値が本当に〝ムーンショット〟と言えるくらい高い目標なのかどうかを話し合うほうがいい。ひとつずつ決めていこう。

ひとつの目安として、KRに使用率指標、売り上げ指標、満足度指標を設定することをおすすめするが、もちろんいつもこれが適切とはかぎらない。いくつもの四半期にわたって持続的な成功を収めるために、成功を測定する方法をさまざまな角度で見つける必要がある。たとえば、売り上げ指標が2つある場合、成功へのアプローチがバランスを欠いている可能性がある。売り上げだけに注目すると、従業員がシステムをゲームのように攻略しようと考え、短期的なアプローチを開発して顧客定着率を損なうおそれがある。

次に、KRの値を設定する。まず、〝ムーンショット〟ゴールになっているかどうか確認しよう。達成できる可能性は五分五分でなければならない。そして、互いの案に対する懸念を出し合おう。簡単すぎないだろうか。慎重になりすぎていないだろうか。あまりに無鉄砲ではないだろうか。議論すべきは今であって、四半期の中盤を過ぎてからではない。

最後に、5分をとって最終的なOKRについて話し合おう。高い志を示し、人を鼓舞するような「O」になっているだろうか。KRは意味のある内容になっているだろうか。難しいだろうか。四半期の間ずっと、このＯＫＲを生活の一部にできるだろうか。適切だという感触を得るまで微調整しよう。それから、ＯＫＲを生活の一部にしよう。巻末の付録で、ＯＫＲ設定に役立つワークシートを掲載している。

会社の目標をサービス部門のＯＫＲと結びつける

デザイン、エンジニアリング、財務、カスタマー・サービスなどの部門では、会社のゴールに貢献するＯＫＲの設定に苦労する場合がある。従業員に難問を投げかけて存分に頭を使ってもらうと、間接部門の関わりも、より豊かで実りあるものになる。ここで、ＯＫＲコーチのベン・ラモートに、あるエンジニアリング部門長との会話を紹介してもらおう。

ＯＫＲコーチングの例：売り上げを使ってエンジニアの貢献度を数量化する

ベン・ラモート――ＯＫＲｓ・ｃｏｍ会長

ベン・ラモートは経営者向けに、重要なゴールを定義し、測定可能な進歩を遂げられるようコーチングを行っている。数十社、数百人のマネジャーへのコーチング経験を持つ。詳しくは、www.OKRs.comを参照。

部門長のOKRを決めるときに、CEOが指示するのではなく、部門長が自らOKRを作成できるようにコーチングすれば、OKRの質と効果が劇的に向上する場合がある。ここでは実際のOKRコーチング・セッションの形式でそれを紹介しよう。

次の事例は、大手ソフトウェア企業のエンジニアリング部門に向けたコーチング・セッションからの抜粋である。

エンジニアリング担当副社長（以下、VP）：私の主な目標は、弊社の営業チームの目標達成を支援することです。

OKRコーチ（以下、コーチ）：なるほど。では、四半期の終わりに、営業部門の目標達成にエンジニアリング部門が貢献したかどうかわかるのでしょうか。

VP：難しいご質問ですね……（口ごもる）。

コーチ：そうですか。では、昨年1年間で、エンジニアリング部門が明らかに営業プロセスの役に立ったというケースはありますか？

VP：実をいうと、ありません。でも、それは貴重なデータのように思います。我々は営業の成約に貢献しているというより、見込み顧客を維持するお手伝いをしているようです。

VPは検討を続け、次のKRを提案した。

「第2四半期中に、5社の大手見込み顧客への営業をサポートする」

「第2四半期終了までに、営業チーム向けの研修を開発する」

これら2つの文は、方向性こそはっきりしているが、測定可能ではない。では、VPがこれらの文を測定可能なKRに書き換える際に、OKRコーチがどのように手を貸したかを見ていこう。

ステートメント1 「第2四半期中に、5社の大手見込み顧客への営業をサポートする」

コーチ：大手見込み顧客と、大手ではない見込み顧客の間には区別がありますか？（あいまいさを指摘して、定義を**明確にする**）
VP ：あまりありません。
コーチ：あなたと営業担当VPの間には、「大手見込み顧客」の定義について合意がありますか？（部門を超えて共同で**整合性をとる**ようにする）
VP ：では、「大手見込み顧客」を「初年度10万ドル以上の売り上げ見込みがある顧客」に変えましょう。それから、この定義を営業担当VPとすり合わせます。
コーチ：過去に何回営業をサポートしたか、回数を数えましたか？（KRが**測定可能**だと

わかるように、過去の指標を確認する）

VP：いいえ。

コーチ：エンジニアリング部門が営業をサポートすることによって期待できる結果はどういうものですか（**タスクではなく結果**にフォーカスするために、ゴール達成時に想定される結果を調べる）。

VP：営業プロセスの継続か、取引不成立のどちらかですね。

コーチ：サポートした5社の営業で、すべて取引が成立しなかったとしたらいかがですか？ ゴールが達成されたと言えますか？（境界条件を問い、**方向性**を確認する）

VP：いいえ、技術的な理由で失注したら、成功したとは言えません。次のように定義を見直すべきかもしれません。「初年度10万ドル以上の売り上げを見込める大手見込み顧客のうち、技術的な理由で成約しない顧客を3社以下にするように、営業をサポートする」。これならいかがでしょう。

コーチ：方向性はいいですね。ただ、今度はKRのフレームワークがネガティブになっているようです。同じゴールを次のようにポジティブにするのはいかがでしょう。「技術合格率」の基準を達成する。たとえば、10万ドル以上の売り上げを見込める企業10社と打ち合わせ、そのうち8社で技術的な異論が発生せずに次の段階に進むことができれば、技術合格率80パーセントとする、とか（KRが**ポジティブ**になるようにする）。

エンジニアリング担当VPは、「技術合格率」を追跡するアイデアを気に入ってくれた。このOKRコーチング・セッションの結果、エンジニアリング担当VPは、エンジニアリング部門の貢献度を営業部門に対して数量化するために技術合格率が有用な指標であると、営業担当VPに確認するということで話がまとまった。

OKRのスケジュール

OKRを取り入れる準備ができたら、CEOは導入のスケジュールを立てることになる。OKRに関する研修を終え（あるいは調査を完了し）、従業員がOKRを理解し、導入の心構えができたら、次のようなアプローチをおすすめする。

1 すべての従業員に、会社が次の四半期に追求すべきだと思う目標を提出してもらう。こうすることで、OKRへの主体的な関わりが強まるとともに、社風の健康・健全性が保たれているかどうかについての興味深い分析が可能になる。

大企業なら直属の上司が回収して順次上位に送っていく方法やアンケートに組み込む方法、あるいはコンサルタントが回収して相互に関連付けてから経営幹部チームに渡す方法などが考えられる。

2 経営幹部チームは半日のセッションで、提案された各種の目標について話し合い、目標をひとつ選定する。議論と妥協が必要になるため、十分な時間をとりたい。その後、経営幹部チームは前述のようにKRを設定する。

わずか90分のミーティングでOKRを設定したチームも見てきた。OKRの設定が遅くなる原因には、ミーティングの先延ばしや、持ち帰り作業のサボり、決断の拒否などがある。これらは人事に関する問題であり、管理職が対処する必要がある。会社のゴールは会社の運命を決める。コミットしよう。

3 経営幹部の持ち帰り作業：四半期のOKRを直属の部下に説明し、部門OKRを設定してもらう。部門長とそのチームによる2時間のミーティングで、全社OKRと基本的に同じ方法で決める必要がある。つまり、フリーリスティング、グループ化、ランク付け、選定だ。

4 CEOの承認：約1時間。さらに、完全に的外れな部門長がいた場合にはフォローアップの話し合いが必要だ。この件のみに集中する時間として、丸1日を確保しよう。

5 部門長は会社と部門のOKRを下位のチームに渡し、それらのチームもそれぞれOKRを設定する。

6 （必要に応じて）個人OKRを導入している会社では、この段階で設定する。個人OKRは最終的にマネジャーが承認すること。

コーチングのための絶好の機会だ。メールですませず、1対1の面談でOKRを検討しよう。

7 全員参加の会議で、CEOがその四半期OKRを設定した理由を説明し、直属の部下が設定した例をいくつか挙げる。さらに、前四半期のOKRにも触れ、主な達成項目を取り上げる。決意あふれるポジティブなトーンを維持しよう。

このルーティンを四半期ごとに維持しながら前進する。OKRを2週間以内に設定できなければ、優先事項を見直す必要がある。会社が結束するためのゴールを設定する以上に重要な仕事などない。

次の四半期に備える

コミットメントとお祝いのルーティンを保っていれば、OKRを達成できそうかどうかは、四半期が終わる2週間前にわかるはずだ。最後の2週間にシルクハットからウサギを引っ張り出せるなどと考えてはいけない。そのような短い時間に本当に厳しいゴールを達成できるとしたら、めったに起こらない奇跡だ。避けられないことを先送りする理由はない。

KRを達成できなかった場合や、KRが低すぎてたやすく達成してしまった場合は素直に認めよう。そして、その教訓を次のゴール設定に組み込もう。

OKRの本質は、継続的な向上と学習のサイクルだ。チェックリストではない。KRをどれも達成できなかったなら、なぜなのか自分に問いかけて、修正しよう。全部達成してしまったら、もっと厳しいゴールを設定して先に進もう。学び、賢くなり、毎週金曜日にもっといい発表ができるように、フォーカスしよう。

初めての挑戦でもリスクを減らせる

OKRに挑戦する企業は最初はたいてい失敗する。失敗は危険な状況だ。というのも、チームがこのアプローチに幻滅して、再挑戦に及び腰になるおそれがあるからだ。習得に多少時間がかかるというだけで、強力なツールを失いたくはない。このリスクを減らすために、3つのアプローチをとることができる。

1　最初は、全社のOKRをひとつだけ決める。会社全体にシンプルなゴールを設定することで、経営幹部が自らに高い基準を課しているのが従業員に伝わる。そうすれば、次の四半期に部門や個人で同じようにOKRを設定するように指示されても驚かれない。下位のチームへの連鎖的な導入を控えると、導入がシンプルになるだけでなく、OKRを積極的に取り入れる従業員と、コーチングが必要な従業員を見分けられる。

2　全社でOKRを導入する前に、ひとつのチームで導入してみる。ゴールを達成するためのあらゆるスキルを備えている、独立したチームを選ぼう。このアプローチが成功すればそれを社内に広められる。あるいは、成功まで1サイクルか2サイクル待ってから、全社にOKRを展開することもできる。

3　OKRのアプローチを従業員に伝えるために、OKRをプロジェクト単位で適用するところから始める。この手法を活用しているのがギャザーコンテンツ社だ。大きなプロジェクトを立ち上げるたびに、目標は何か、達成したとどうやってわかるのかを確認している（詳しくは後述）。

小さな単位から始め、ＯＫＲがあなたの会社でどのように機能するかを学ぶことに集中すれば、結果ベースのアプローチを採用できる可能性が高まるとともに、チームの幻滅を招く危険性を緩和できる。

MVPのためのOKR

アンガス・エドワードソン――ギャザーコンテンツ社プロダクト・ディレクター

わが社ではさまざまな方法でOKRを活用し、過去数年にわたって各種の試行錯誤を重ねてきた。

OKRを全社的なツールとして採用して全従業員のフォーカスを一致させている。そして、部門ごとに取り入れて自主性を尊重し、さらに従業員レベルでも活用して個人の成長を促している。

しかし、やはり最も大きな効果を得られるのは、プロダクト・チームのプロジェクトに取り入れたときだ。ギャザーコンテンツ社では、新機能を立ち上げる際に、明確なO（目標）と一連のKR（主な結果）を設定して、なぜこの仕事が必要なのか、どう成功させたいのかをまとめることを義務づけている。

製品ライフサイクルの中心で

ギャザーコンテンツでは、発売する価値のあるＭＶＰ（Minimum Viable Product、実用最小限の製品）ができるまで、新機能の複雑なところを削っていく。プロダクト・チームは「カンバン開発」という方式で動いている。カンバン開発とは、トヨタ自動車の「カンバン方式」の流れをくむアジャイル開発のスケジュール手法のひとつで、すべての潜在的なプロジェクト候補のカードを壁のロードマップに貼り、開発者が「作業予定（To Do）」から「作業中（Doing)」、さらに「完了（Done)」へと移動させていくというものだ。

チームで新しいプロジェクトを開始する準備ができると、ＭＶＰをロードマップから開発に移動する。

ロードマップ上のすべてのＭＶＰはカンバン・カードに記載される。カードには、標準化された説明や要件など必須の情報に加えて、必要に応じてメモやスケッチなどを書き込む。

この構成によって、ほかの従業員に今後の予定を知らせ、スムーズに開発に移行できる。また、プロジェクトの目標と、目標を達成した場合に想定されるＫＲも記載する。

カンバン・カードにＯＫＲを組み込んだことにより、チームは新機能をつくる前に必ず、次の2つの重要な質問に答えることになる。

1　その機能で何を達成しようとしているのか。

2　成功と失敗をどのように測定するのか。

わが社のカードの構成を次の図に示す。

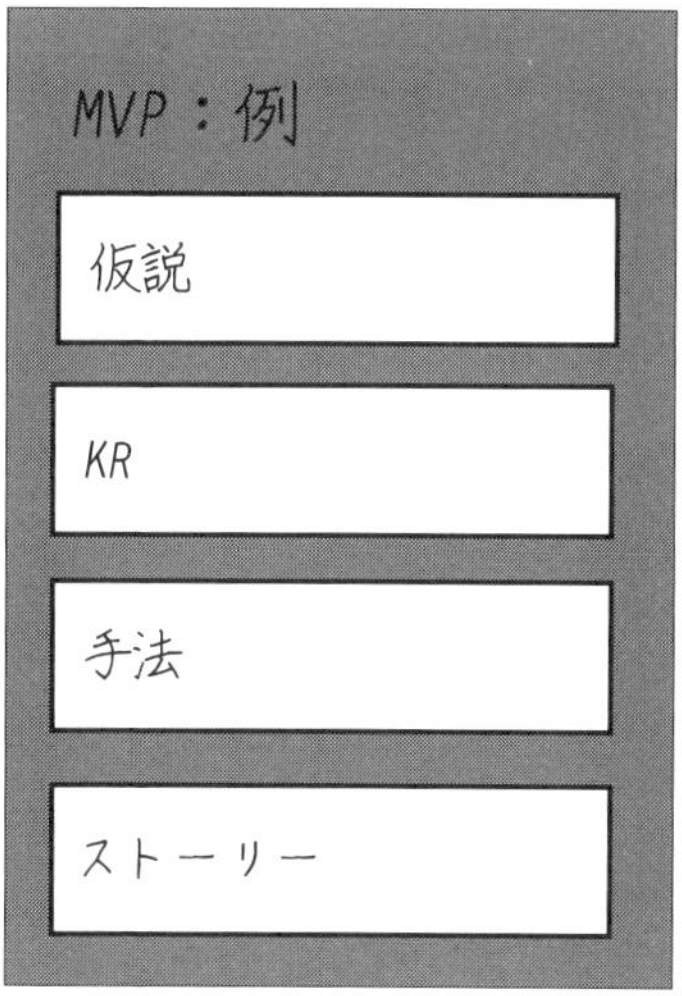

「目標」（objective）が「仮説」（hypothesis）に変わっているのがわかるだろうか。これは、製品開発に実験的なアプローチを取り入れることを推奨するためだ。「こうなります」の代わりに「こうなると思います」と言うようにする。その後、仮説は証明されるか、あるいは否定される。このしくみが、私たちを科学者のような気分にしてくれる。

ロジックを整理する

このようにOKRを使うと、明解な根拠を示しながらすべての機能を詳しく検討できる。さらに、会社のほかの業務にも大いに好影響を与えることができる。

作業の優先順位を決める

OKRの明確な使い道のひとつは、ロードマップ上の仕事の優先順位を、予想される影響に基づいて決められることだ。つまり、ビジネス上のゴールに基づいて仕事の優先順位を決定できる。

製品とビジネス上の目標を結びつける

たとえば、ある会社が新規顧客のアクティブ率向上をO（目標）に掲げていれば、各部門はその領域に最も大きな影響を与える機能を優先できる。これは、会社OKRと部門OKRを対応させて、従業員全員が気分よく同じ方向を向くようにする好例だ。

〝他者〟とのコラボレーション

人は次に何が起こるのかを語り合うのが好きだ。ロードマップについて社内でさまざまな議論を戦わせるのはすばらしいが、骨組みができていないまま話しても膠着状態に陥る可能性が高い。というのも、どんな人にも自分と最も近いビジネス領域を重視するバイアスがかかっているからだ。ある機能について、背景となっているビジネス・ロジックや、ほかの未実装機能との兼ね合いを迅速に伝えられれば、会話の効率も大幅に向上する（そして、感情的になりにくくなる）。

ほかの機能のほうが価値があると考える人がいる場合、なぜ価値があるのか（仮説）、どれほどの価値を持つ可能性があるか（KR）を単純に話し合えばよい。こうすることで、建設的なコラボレーションが促進される。

測定と学び

定量化可能なターゲットを測定する最大の効果は、結果を評価しやすくなるとともに、結果から学びやすくなることだ。

わが社ではリリース済みMVP（実用最小限の製品）のKRを単純なスプレッドシート

で追跡・検証し、定期的に見直して、そこから得られる教訓を確認している。結果を測定するタイミングの設定に苦労したことがあったため、ＯＫＲ測定ごとに締切を設けるようにした。

締切が来て結果を収集したら、全員で集まって、矛盾がないか、予想外の結果が出ていないか、その他の教訓がないか話し合う。

カンバン・カードにＯＫＲをプラスすることで、優先事項の設定がより適切になり、学びのスピードがアップし、コミュニケーションの効率も改善された。また、今自分たちがしていることについて、「なぜやっているのか」を互いに伝えあう習慣もついた。

ＯＫＲで毎週の状況報告メールを改善する

初めて状況報告メールを書いたときのことはよく覚えている。２０００年にヤフーのマネジャーに昇進し、小さなチームを受け持ったときに、「担当するチームがその週に実行した内容をまとめた状況報告メールを金曜日までに送るように」と指示された。私がどう思ったか、みなさんも容易に想像がつくだろう。自分のチームが仕事をしていると証明しなければならない。チームの存在を正当化するだけではなく、もっと人が必要だと証明しなければならない。なにせ、どんなときにも人は要る。

そこで、私はみんなと同じことをした。部下が実行したあらゆる細かい仕事をリストにまとめて、読みにくいレポートを作成したのだ。やがてマネジャーを管理する立場になったので、同じように報告させ、さらに長く恐ろしいレポートを取りまとめた。これをデザイン・マネジャーのアイリーン・アウとゼネラル・マネジャーのジェフ・ウィナーに送信した（ジェフは賢明にも、冒頭に概要を書くよう言ってきた）。

転職する先々で同じように長く退屈なレポートを書いていたが、斜め読みされるのが関の山だった。ある職場では、レポートを書くこと自体をやめた。各マネジャーがプロジェクト・マネジャーにレポートを送信し、プロジェクト・マネジャーが取りまとめて私に送信するようにして、内容に大きな問題がなければそのまま上司に転送する方針にした。ある週、私はレポートを読むのを忘れていたが、誰からも何も連絡はなかった。レポートはみんなの時間の無駄だったのだ。

そして、２０１０年にジンガに入社した。ジンガについてはいろいろ言われることもあるが、組織運営の重要な点で、非常に優れた組織だった。そのひとつが状況報告レポートだった。ジンガでは、すべてのレポートが管理チーム全員に送信される。私はそれらを楽しく読んだ。いや、これは間違いではない。20通あっても、楽しく読んだのだ。なぜだろうか。それは重要な情報が、消化できる形でまとめられていたからだ。私はこのレポートのおかげで自分のやるべき仕事を理解し、順調に進んでいる業務を参考にできた。初期のジンガは、今まで見てきたどの会社よりも急速に成長した。あれは、コミュニケーションの効率性が大きく功を奏したのではないかと思う。

ジンガを退職したあと、私はコンサルティングを始めた。アジャイル開発の手法を取り入れながら、これまでに働いてきたさまざまな会社にも合うように状況報告メールをつくり替えた。今は、企業の規模を問わず導入可能な、シンプルでしっかりした形式ができている。

1　メールの冒頭に、チームのOKRと、今四半期に達成できる自信度レベルを書く。

OKRを書くのは、あなたがなぜ今の行動をとっているのかを、全員（そして、時によっては自分自身）に思い出させるためだ。

自信度は、KRを達成できると思われる確率だ。これを10段階で測る。1は「絶対に起こらない」、10は「すでに手中に収めている」という意味だ。自信度が3未満になったら赤でマーク、7を超えたら青でマークしよう。色をつけると斜め読みでもわかりやすくなり、上司にも同僚にも喜ばれる。自信度を記載することで、あなたもチームメンバーも進捗を追跡し、必要に応じて修正できる。

2　今週の優先タスクと、それらが達成されたかどうかを書き出す。

達成されなかった場合は、理由を簡単に述べる。達成する必要があるのに達成できていない理由を把握するのが目的だ。詳しい形式については、後述のメール例をご覧いただきたい。

3　次に、来週の優先事項を並べる。

Ｐ１（最優先）は３つまで。複数の手順を要する、内容の濃い仕事にする。たとえば、「プロジェクトXENOの最終版仕様を作成する」は良いＰ１だ。おそらく起草から、複数のグループによるレビュー、承認までが含まれる。さらに、ほかのチームと自分の上司に、ミーティングを予定していることを示せる。

「法務部門と話をする」は悪いＰ１だ。この優先事項は30分くらいしかかからず、明確な結果がなく、タスクの一部にすぎないという印象を与える。そもそも何の話をするのかすら説明していない。

若干のＰ２（第２優先）を追加しても構わないが、それらも濃い内容にしなければならない。数は少なく、内容は大きく、と心がけよう。

4　リスクや障害があれば挙げる。

アジャイル開発のスタンドアップ・ミーティングと同じように、自力で解決できないことは人に頼って構わない。責任のなすりつけあいはやめよう。マネジャーも、経営幹部同士が「お前のせいだ」と言い合っているのを聞くのはまっぴらだ。

同様に、目標達成の障害があれば、それも書く。たとえば、スケジュール的な、あるいは技術的な困難のために、提携先の問題解決に予定より長くかかっている場合などだ。上司は驚くのが好きではない。驚かせないようにしよう。

5　メモを添える。

最後に、これらのカテゴリーに収まらないが絶対に入れたいことがあれば、メモを追加する。「ジムの紹介で、アマゾン出身のすばらしい人を採用しました。ジム、ありがとう」や、「リマインダー：今週の金曜日、当チームはジャイアンツ戦観戦のために不在になります」などが適切なメモだ。短く、タイムリーで、有用な内容にする。言い訳、セラピー、小説執筆の練習などに使ってはいけない。

この形式を使うと、大企業が直面するもうひとつの重要な課題が解決する。調整だ。従来の方法で状況報告レポートを書くには、木曜日の夜までにチームの状況を提出してもらい、取りまとめて事実確認をしてから編集しなければならなかった。しかし、新しいシステムなら、自分の優先事項はわかっている。部下の状況は、部下の優先事項と自分の優先事項の整合性がとれているのを確認するためだけに使う。部下からの報告も、自分からの送信も金曜日で問題ない。全員が互いに対してコミットする、誠実でフォーカスした状態

状況報告メールの例

宛先：exec-learn@teabee.com
件名：2016/10/15の週

O（Objective、目標）：外食産業向け食品納入業者に対して、高級茶プロバイダーとしての明確な価値を確立する
KR：再注文率85％　6／10
KR：再注文のうち20％はお客様自ら実行　5／10
KR：売り上げ25万ドル　4／10

今週
P1　TLMフーズとの新規契約を締結：未完了 － 承認レベルが急に追加された
P1　新規注文フローの仕様確定と承認：未完了
P1　信頼できる営業候補3人と面接：未完了。ひとりは言葉が軽かった。採用ルートの改善が必要。話し合う必要があるかも？
P2　カスタマー・サービスの業務内容説明をリクルーターに送付：完了

来週
P1　TLMとの契約締結
P2　デーブ・キムトンにオファーを送る
P1　ユーザビリティ・テスト：お客様自身による入力機能の主な問題を発見し、優先順位を付ける

メモ
どなたかジョンソン・サプライズの調達担当VPをご存知ですか？
また、ユーザビリティ・テストに参加したい方はぜひお声がけください。

を保つことができる。

仕事は雑用のリストではなく、グループ一丸となって共通のゴールに向かうものでなければならない。状況報告メールはこの事実を全員に念押しし、チェックボックス式の思考に陥らないようにするために役立つ。

組織としての取り組みを調整することは、企業の競争とイノベーションを可能にするために欠かせない。状況報告メールをあきらめるのは戦略的なミスだ。状況報告メールは、重要なリソースを無駄遣いするタスクにもなれば、チームが互いにつながり、助け合う手段にもなるのだ。

よくあるOKRの失敗例

チームのOKR導入を支援していくうちに、企業が直面する課題について多くのすばらしい話を聞くことができた。また、失敗につながる〝よくあるミス〟もわかってきた。私が「失敗」と定義するのは、OKRをひとつも達成できない場合、すべてのOKRを達成してしまった場合、OKRプロセスがビジネスに有用な影響を与えない場合だ。よくあるミスを紹介しよう。

・四半期ごとのゴールが多すぎる

ゴールはひとつだけに絞ろう。OKRは、全従業員が覚えているくらい明確なものにしたい。5つも設定したら明確でなくなる。

ただし、グーグルのような企業には複数のOKRが必要だ。グーグルは検索エンジン、ブラウザー、SNSの改革、自動運転車の開発など幅広く手がけている。もし「あらゆる製品を最高にソーシャルにする」という目標をひとつだけ掲げたとしよう。自動運転車部門は、人格を持ち友達になってくれる自動運転車〈キットくん〉を開発するかもしれない。ソーシャル・カーは気が利いているかもしれないが、たぶん市場で求められてはいない。グーグルのように、まったく異なる市場に向けて別のビジネスを展開しているのであれば、市場または事業ごとにOKRセットが必要になるだろう。

逆に言えば、ほとんどの会社（そしてすべてのスタートアップ）は、ひとつの明確なOKRを設定して取り組みの方向性を統一したほうがいい。

・週ごと、あるいは月ごとにOKRを設定してしまう

プロダクト・マーケット・フィット［製品と市場の最適な組み合わせ］を見つける前のスタートアップがOKRを使うべきかと聞かれたら、自信を持ってイエスとは言えない（「プロダクト・マーケット・フィットを見つける」という目標でないかぎりは）。1週間以上同じ路線を維持できないなら、OKRの導入は時期尚早だ。プロダクト・マーケット・フィットが見つかっているなら、四半期いっぱいコミットしよう。第一、3カ月もかけずに本当に大胆な目標が達成できるだろうか。1週間で達成できる目標は、おそらくただのタスクでしかない。

・目標に数字を入れてしまう

これはMBAを取得した人に多い失敗だ。数字が好き。お金が好き。そうでない人なんて、この世にいるだろうか。しかし、OKRは部門を超えたチームを統合するためのものだ。つまり夢見がちなデザイナー、理想を抱いたエンジニア、お客様を大切にするカスタマー・サービス担当者などもチームの一員だ。人々を鼓舞する目標、従業員がベッドから飛び起きて新しい1日と新しい課題に向かうような目標を立てよう。

・自信度レベルの設定を忘れてしまう

70パーセントのKR達成を期待されたので、簡単な目標2つと、ほぼ不可能な難しい目標をひとつ設定した、という事例を多くの企業で見てきた。これはポイントがずれている。OKRは〝ムーンショット〟を後押しするためにある。あえて上を目指すことで、実際にどの程度の能力があるのかを把握するのだ。

自信度レベル10分の5とは、ゴール達成の可能性が50パーセントという意味だ。つまり、自分自身の限界を広げることになる。

・自信度レベルの変化の追跡を忘れてしまう

四半期の最後の月に入ってOKRを気にするのを忘れていたと判明するほど残念なことはない。新たな情報が入るたびに、変化を記録しよう。チームメンバーに、自信度レベルが5のまま上がっていないと知らせよう。手伝いを申し出よう。

・月曜日に4つの四角形を状況報告に使ってしまう

必要なことを話し合おう。今の優先順位で、本当にKRが達成できるか。ロードマップにある今後のプロジェクトに調整は必要か。チームの健康・健全性の現状はどのようになっているか。それはなぜか。

・金曜日に厳しい話をしてしまう

誰もが厳しい1週間を送ってきたはずだ。金曜はビールを空けて、達成した仕事を祝って乾杯しよう。特に、すべてのKRを達成する見込みがない場合は、あえて「大胆な目標を掲げることによって実際に何を達成できたか」を考え、胸を張ろう。

OKRと年間レビュー

デイドリー・パクナッド――ワークボード社CEO

ワークボード社はOKRを導入し、日々の仕事の中でゴールにフォーカスし、継続的かつ組織横断的な透明性を実現する企業である。

ここ10年くらいの間に、ビジネス・ゴールは使い古され、魔法の力を失った。私たち個人の生活では、ゴールとは志であり、重要な判断を促し、目的を与えてくれるものだ。それなのに、職場、とりわけ大企業では、従業員の3分の2が、ゴールは給与の支払い以外にほとんど関係がないものと考えている。多くの大企業では、最も強い動機付け、満足の源としてのゴールは力を失い、個人とリーダーが自分自身、チーム、そしてビジネスを成長させるためのツールセットから取り除かれてしまった。

ゴールがビジネスのパフォーマンスを左右するのではなく、逆にパフォーマンス評価がゴールを左右するようになると、年間レビューのためにゴールがつくられるようになる。12カ月後の給与を確保するためにゴールを設定するようになると、ゴールは必然的にあいまいになり、達成のハードルも下がる。ビジネスの速度が上がるにつれて、年間ゴールはビジネスの現実から切り離され、影が薄くなってしまった。このような問題は特に大企業において顕著だが、若い企業でも、ゴールはCEOが現場ではなく取締役会と共有するものになってしまっていると言わざるをえない。どちらの場合でも、従業員が毎日、自らの時間と取り組みについて適切に判断する役には立たないし、能力を高めて優れた成果を出す足しにもならない。

ゴールが秘める魔法の力を取り戻すには

まずゴールを、「パフォーマンスを評価するしくみ」から、「人を鼓舞し、能力を高めるしくみ」に切り替えよう。つまり、会社におけるゴールのモデルや存在そのものをつくり替えるのだ。志のある短期的なゴールを、アグレッシブな数量的指標、そして毎週繰り返される実行と責任のリズムと組み合わせて、小さな結果をゆっくり出すのではなく、すばやく大きな結果を出そう。ゴールは、昔のように管理部門が決めるものではなく、ダイナミックで具体的な形があり、従業員を毎日鼓舞するものでなければならない。ゴールはすばらしい結果を目指す私たちの自由意思に入り込む。短いリズムによって、結果が改善し、満足度が向上する。魔法の実現まであと5歩だ。

1　ゴールを使って成功を定義し、推進する

ゴールが機能するのは、そのゴールが人を鼓舞し、私たちに自然に備わっている、上を目指す心をとらえることができたときだ。ゴールはチームにとっての勝利を定義するものでなければならない。また、1回きりではなく、リアルタイムに従業員をまとめられるものでなければならない。形のあるゴールは、あらゆる従業員の貢献度を上げ、日々の活動の中心となる目的を提供してくれる。明確で短期的なゴールと指標を定義することにより、優先順位を定義するだけでなく、最も価値のある活動にフォーカスする大義名分を従業員に与えることになる（リーダーはしばしばゴールの理解度を甘く見積もる。本当にゴールを理解している人はたったの7パーセントだ）。

2　旧式のゴールモデルを捨てて、結果を増幅してくれるゴールを取り入れる

ＯＫＲのような手法は、最も可能性の高い結果ではなく、可能なかぎり最高の結果を達成する手助けになる。ＯＫＲでは、大胆かつ志の高い目標を、すばらしい結果を表すＫＲ指標と組み合わせる。すべての従業員にとって、会社が何を達成しようとしているのか、そして一人ひとりがどこに時間を割くべきかがはっきりする。つまり、横並びから脱却するためのしくみなのだ。従来型のアプローチでは、ゴールを達成したかどうかが評価に結びつくので、従業員が天井を低く見積もるようになる。それに対し、OKRは天井を取り除き、可能なかぎり最高の成果にフォーカスするので、結果が増幅される。OKRを使って可能性を最大化するには、OKRを人事評価から切り離そう。

3　成果の達成をリアルタイムで管理する

ゴールとOKRの価値は、実行できたかどうかで決まる。売り上げのような短期的なゴールであれば、12週からなる四半期の1週1週が重要になる。ビジネスの変化速度が加速していく今、リーダーはチームが脇道にそれていたり、障害を乗り越えられずにいたり、道を見失っていたりすることを発見するのに、月ごとや四半期ごとのレビューまで待てない。リアルタイムにゴールを設定し、実行の透明性を継続的に確保すれば、ゴールへのフォーカスを保ち、結果を容易に予測し、社員に責任を自覚するよう促すことができる。

4　ゴールをメールのように身近な存在にする

チームは、チームのゴールと会社のゴール、そしてそれぞれの進捗を3秒で確認できなければならない。3秒もあれば、受信トレイにある最新のメールに目が行く。ゴールから見て、メールはチームメンバーの時間とフォーカスを奪うライバルだ。わが社の研究によれば、パフォーマンスの高い人は、毎朝ゴールを確認してから、自分の志に合わせて時間を意識的に使っている。ゴールにフォーカスした組織にするには、誰もが毎日ゴールに集中できる環境を整えよう。

5 ゴールがトップダウンとボトムアップの両方向に流れるようにする

いまどき、純粋な階層構造の組織が機能することはめったにない。職域を超えてチームを編成し、率いろうとする組織のほうが、敏捷性が高くなり、成功する可能性も上がる。トップダウンでしかゴールが決まらない大企業では、機会が奪われ、場合によっては市場も失われる。才能のある人材とすばらしいアイデアは、会社全体に分散している。彼らの高い志が自由に社内を流れるようになれば、その会社の勢いは誰にも止められない。上長がすべてを把握していることを前提とした、下向きに硬直しきった流れを改めよう。イノベーションが抑圧されず、幅広い戦略がスムーズに進行するように、ゴールに向かおう。

継続的に評価する

1回きりのパフォーマンス評価をやめ、継続的に話し合ってコーチングと調整を行っていこう。1対1（ワン・オン・ワン）の面談を少なくとも月に2回は実施して、エンゲージメント、パフォーマンス、方向性の3点を調整する。弊社ではこれらの3点に5つのレベルを設定し、マネジャーと従業員の両方が見解を共有するよう推奨している。こうすれば、上司と部下の間に認識のずれがあった場合にすばやく対応できる。年末までに改善する機会と認められる機会が24回得られるわけだ。この、従来の方法よりも誠実かつ親密なやり方をすれば、従業員のスキルが蓄積され、パフォーマンスが向上する。レビューはパフォーマンスに関する一連の面談のひとつにすぎないため、シンプルに終わる。こうして情報を共有しておけば、予想外の事態も発生しない。

ＯＫＲ活用のヒント

●複数の事業分野がないかぎり、全社のＯＫＲはひとつだけにしよう。フォーカスがすべてだ。

●ＯＫＲには3カ月の期間を設けよう。たったの1週間で、どれほど大胆なことができるだろう。

●目標に指標を入れないようにしよう。目標は人を鼓舞するためのものだ。

●毎週のチェックイン・ミーティングは、会社のＯＫＲで始め、次にグループＯＫＲを取り上げよう。個人ＯＫＲは扱わない。それは1対1（ワン・オン・ワン）の個人面談のほうがやりやすい（もちろん、個人面談は毎週やっていますよね）。

●ＯＫＲは連鎖する。まず会社のＯＫＲ、次にグループ別や役割別のＯＫＲ、最後に個人のＯＫＲを決める。

●ＯＫＲの推進は、唯一の仕事ではない。唯一実行しなければならない仕事だ。日常業務については部下を信頼し、ありとあらゆるタスクをＯＫＲに詰め込まないように注意しよう。

●月曜日のOKRチェックインは会話の機会だ。自信度の変化、健康・健全性、優先順位について必ず話し合おう。

●従業員に会社のOKRを提案してもらおう。OKRは単なるトップダウンではなく、ボトムアップの絶好の機会だ。

●OKRは誰でも見られるようにしよう。グーグルでは社内イントラネットに載せている。

●金曜日のお祝いは、月曜日の憂鬱を癒す解毒剤だ。活発な雰囲気を保とう。

あとがきと謝辞

私はジンガで初めてOKRに出合った。やがてOKRとなる考え方の大枠は、ピーター・ドラッカーが提唱した〝目標による管理〟（MBO、Management by Objectives）システムを、元インテルCEOのアンディ・グローブがインテルに導入する際に生まれた。その後、ジョン・ドーア（元インテル経営幹部、現在は大手ベンチャー・キャピタル、クライナー・パーキンス・コーフィールド・アンド・バイヤーズのパートナー）が、投資するスタートアップに次々と広めた。グーグル、そしてのちにジンガがOKRを全面的に取り入れ、会社をひとつにまとめ、活力を高めた。リンクトイン（私の退職後にOKRを採用）やジェネラル・アッセンブリー（私が2013年にコンサルティングを実施）の成功も加わり、OKRは企業の成長を効果的に促進する存在になった。

ジンガを退職したあと、私はスタートアップへのコンサルティングを始めた。新しいスタートアップが自分と同じような苦労を繰り返す必要はない、と思ったからだ。まっさきに、そして繰り返し目についたのは、痛々しいほどの、場合によっては致命傷にもなる

「フォーカス不足」だ。プロダクト・マーケット・フィットを見つけたスタートアップでさえも、ビジョンに向かって全従業員が仕事をするように仕向けるのに四苦八苦する。そして、次の投資サイクルは常にあっという間に来るので、全従業員が実行家になる道を見つけなければならない。だから、私はＯＫＲというしくみに頼ることにした。

ジンガ風のアプローチをシリコンバレーの若いスタートアップに持ち込んでわかったのは、こうした会社はミーティング全般への耐性が低く、ましてや詳しい分析を行う2時間のミーティングなどとんでもないということだった。そこで、ミーティングをスリム化して、週に1回、会社と各チームのＯＫＲの状況を話し合うだけにすると、うまくいった。会社によっては、指標分析や営業ディスカッションでフォローする場合もあるが、まずゴールの確認から始めることで、ゴールの達成度合いに大きな違いが生まれる。

私がコンサルティングした会社ではすべて、毎週のお祝い行事を実施していた。ローンチと連動している会社、単純に金曜日のたびに実施する会社などいろいろだ。しかしある日、お祝いを実施していないスタートアップがあった。若い会社だったので、それが絆を深める重要な儀式だという発想に至っていなかったのだ。そのため、同社がお祝い行事を試験導入するときに、どのような形で実施するかを私がアドバイスすることになった。

思い起こすと、アジャイル開発の現場では、開発者が毎週金曜日にデモをするのが定番の儀式となっていたが、デザイナーは開発者ではないので参加できずに不満そうだった。

そこで、全従業員にデモを勧めることにした。これが驚くほどの変化を生んだ。各チームがほかのチームの仕事を理解し、互いに敬意を抱くようになったのだ。加えて、毎週金曜日の成功を祝う行事は、あらゆるスタートアップが経験する、試行錯誤を繰り返す過酷で厳しい歩みを癒してくれるようになった。

リサーチの過程では、グーグル・ベンチャーズ（現・GV）でOKRを推進するリック・クラウに長い時間をかけて話を聞いた。グーグル流のOKR導入は私が本書でおすすめしているものと違うので、リックが公開している動画や資料は一見の価値がある。個人的な経験から言わせてもらうと、ほとんどのスタートアップと中規模企業では私が本書で紹介するアプローチが有効だ。しかし、チームは一つひとつ違うので、遠慮なく試行錯誤してほしい。

小説家のように書くのを手伝ってくれたキャシー・ヤードリーには特に感謝したい。また、次のみなさんには、ベータ版読者として、本書を改善するために大量のアドバイスと貴重な意見をいただいた。

ジェームズ・チャム、デイビッド・シェン、ローラ・クライン、リチャード・ダルトン、アビー・コバート、ダン・クリン、スコット・ボールドウィン、アンガス・エドワードソン、アイリーン・アウ、スコット・バークン、ジョージ・アランゴ、フランシス・ローランド、サンドラ・コーガン、A・J・キャンディ、ジェフ・アトウッド、アダム・コナー、チャールズ・ブルワー、サマンサ・ソーマ、オースティン・ゴベラ、アリソン・クーパー、エド・ルイス、ブラッド・ディッカソン、パメラ・ドルアン、デイビッド・ホール、ステイシー＝マリー・イシュマエル、キム・フォーソーバー、デレク・フェザーストン、ジェイソン・オルダーマン、アムネ・アジーム、アダム・ポランスキー、ジョー・ソーコル、ブランディ・ポーター、ベサニー・ストール、スーザン・マーサー、ケビン・ホフマン、フランシス・ストー、レオナルド・バートン、エリザベス・ビューイ、デイブ・マルーフ、ジョシュ・ポーター、クラウス・カースガード、エバン・リトバク、ケイティ・ロー、エリン・マローン、ジャスティン・ポンクゼック、エリン・ホフマン、エリザベス・イバラ、ハリー・マックス、ターニャ・シャドネバ、ケイシー・カワハラ、ジャック・コローカス、マリア・レティシア・サラメントス＝サントス、ハンナ・キム、ブリタニー・メッツ、ローラ・ディール、ケリー・ファデム、フランシス・ナカガワ、アン・グエン。そして読者のあなた、ここに書かれてはいないあなたが一番の力になった。次に会ったときには私に向かって大声で呼びかけてほしい。

読者のみなさん、本書で学んだことをぜひメールで教えてほしい。そして、本書の次のバージョンをさらに良いものにするために力を貸してほしい。

Email: Radicalfocus@cwodtke.com

解説

及川　卓也

私は2006年にグーグルに入社したのだが、そのとき初めてOKRというものを知った。「グーグルではOKRというのを使って目標管理をしています」というひと言と簡単な説明を受けただけで、見よう見まねでOKRを使い始めた。前職のマイクロソフトでも同じように四半期ごとの目標設定はしていたので、理解したつもりだったが、すぐにその考えが浅はかだったことに気づく。

会社や上位組織のOKRを理解していないことには、自分のチームのOKRを立てにくいし、目標（Objectives）を達成したかどうかを測る結果（Key Results）の設定も難しい。わかったつもりだった自分が恥ずかしくなったほど、最初は苦労した。

苦労はしたが、その効果を実感するまでにさほど時間はかからなかった。自分たちがやることが明確になったため、タスクの優先度付けが進み、無駄を省くことができた。また、結果が見えることで前向きにタスクへ取り組めるようになった。ＯＫＲを使っていなかったときは、忙しいのにもかかわらず、成果が出ていないと感じることがままあったが、ＯＫＲを使うことで、都度ＯＫＲと今のタスクの関連を考え、やることとやらないことを判断できるようになった。

ＯＫＲの副次的な効果としては、他のチームがやっていることの理解度が上がることも挙げられる。他のチームがやっていることもついつい気になってしまうことはよくある。なんであんなことやっているのだろうと思うと、それが自分たちのモチベーションにも影響を与えかねない。余計な口を挟み、チーム間の雰囲気が悪化してしまうこともある。しかし、ＯＫＲがあれば、他チームがなんのためにそのタスクに取り組んでいるのかがわかる。ＯＫＲにより、全チームが大きなひとつの目標に向かって取り組んでいることが見えるようになる。

グーグルの例が有名になったこともあり、日本でもＯＫＲの認知が高まっているようだ。グーグルで勤務した経験があるためか、私のところにも次のようなＯＫＲ導入のサポート依頼がよく来る。

一度導入をしてみたのだが、失敗して、再度導入を考えている。

導入をしてみたのだが、どこかしっくりこないので、少し一緒に見てほしい。

このような悩みを抱える企業がいかに多いか、独立していろんな企業のお手伝いをするようになって実感した。

本書はそのような企業や組織への良いガイドになるだろう。第1部は物語でOKRを解説し、第2部は実際にOKRを用いるための技術を解説している。物語的に解説をする書籍は少なくはないが、本書のこのスタイルも極めて効果的だ。

OKRはただの管理ツールではなく、目標を軸に人を鼓舞し、全員が一丸となって目標に向かって進むためのツールである。CEOのハンナ、共同創業者のジャック、エンジェル投資家のジム、CTOとなるラファエルなど、本当にシリコンバレーにいそうな登場人物たちの苦悩と喜びが綴られた第1部は、読者に人に働きかけることの重要性を理解させ、第2部の使い方の解説への良い序章となっている。

第2部で解説される手法も極めて実践的であり、組織の規模や種類によって、導入や活用のヒントを見つけることができるだろう。OKRを導入したはいいが、計画時とレビュー時以外は放っておいてしまったという企業は少なくない。本書で解説される、1週間などの短いサイクルをひとつのサイクルとして考え、レビューを行う手法は、アジャイルソフトウェア開発プロセスと同じだが、このサイクルでのレビューも単に進捗確認という、ともすれば無味乾燥、もしくは「詰められる」ようなストレスフルな場ではなく人をエンパワーする場として活用することが強調されているなど、今までのタスク管理とは明らかに一線を画するものである。

また、本書で、ＯＫＲ導入の最初は失敗するものだと明言されていることも導入を行おうとする人たちを救うだろう。私自身も私が導入をお手伝いしている企業も失敗を繰り返した。だが、第１部での物語が示すように、最初の失敗を経て、ＯＫＲ導入を進め定着させていく、そのプロセスが企業を強くする。本書の第１部と第２部のハーモニーが、ともすれば挫折をしかねない読者の皆さんのＯＫＲ導入を助けることだろう。

グーグルはＯＫＲで人と組織をエンパワーする

ところで、本書の中でも書かれているが、グーグルにおけるＯＫＲは本書で説明している方法とは少し異なる。

「世界中の情報を整理し、世界中の人々がアクセスできて使えるようにする」というミッションに沿った事業が複数にわたる大企業であるグーグルのＯＫＲでは、その目標（Objectives）はひとつではなく、３つから5つが推奨されており、本書では避けるように言われている数値目標を含むものも可能となっている。また、それぞれの目標への結果（Key Results）は3つが推奨されている。期末のＯＫＲレビューでは各結果が0から１・0までの数値で評価され、それをまとめたものが目標への結果となる。

ＯＫＲのフォーマットはシンプルなもので、本書で書かれているような4つのマスは使っていない。目標と結果だけが記されている。それをどのように膨らませて活用するかは各部署に任される。

全社レベルの年間OKRが毎年初めに発表され、期初にそれに沿う形で四半期ごとにも発表される。前期のOKRの結果のレビューと次期のOKR発表は全社員の前で行われる。グーグルは毎週木曜日（米国以外で働く社員のために金曜日から木曜日に変更された）にTGIF（Thank God It's Friday）という全社集会を行い、それを世界各地のオフィスに配信しているが、その様子はとても全社集会という名前で表されるような堅いものではなく、本書で記されている金曜日のウィン・セッションそのものだ。

あれだけの大企業になりながら、創業当初のような雰囲気を保ち続けているというのもグーグルの強さの秘訣だと思うが、このTGIFと同じようなカジュアルさで全社OKRの発表も行われる。また、OKR用の社内ツールがあり、このツールを通じて、全社員がどの部署のOKRも見ることができる。個人OKRは必須ではないが、書いている社員のOKRはオンラインの社内名簿からたどることができるようになっている。

OKRは基本的にはトップダウンで行われるものであるが、グーグルにおいてはトップダウンとボトムアップが混在する形で行われる。OKRに対してはどの社員も意見を言うことができる。また、組織階層が深い組織だと、下手をすると、上位組織のOKRを待つあまり下位組織のOKR設定が遅くなることがあるが、グーグルでは上位を待たずにOK

Rの準備を始めることが一般的である。これもトップダウンとボトムアップが融合されているアプローチのなせる技であり、それでも整合性がとれているのは、ミッションや年間のOKRなどがきちんと全組織に共有されているからである。

グーグルは自社のマネジメントエクセレンスを社外に積極的に公開している。OKR運用についても解説されている（注、英文）。

私が社員として働いていて感じたグーグルのOKR活用の肝は、OKRを軸に全部署・全社員が同じ方向に進むためのフレームワークとして活用していることだ。OKRというプロセスを完璧に回すことにはこだわらず、人と組織をエンパワーすることを目的にしている。このようなOKR活用が、大企業となっても常に結果を出し続けることにつながっているのだろう。

グーグルの手法と本書で解説しているやり方は異なるが、このOKRの目的は同じだ。手法に関しては企業や組織に適したものを採用するのがよいが、この精神は大事にしてほしい。

注　https://rework.withgoogle.com/guides/set-goals-with-okrs/steps/introduction/

個人的な目標達成にも大きな効果

日本でのOKR認知向上に伴い、私のところにもOKR導入支援を求める会社が増えている。私がお手伝いしているのは主にスタートアップが多いが、スタートアップにはOKRはまさに必須のフレームワークだと感じる。なぜか。

まず、スタートアップにはリソースがない。少ない人と少ない時間。次の資金調達までに目標に達しないと、それで終わりだ。全社員一丸となって同じ方向に進まない限り成功はない。そんなことはどんなスタートアップの経営者もわかっているのだが、実はこれが難しい。目標をいざ文字にしようとしてみたら、うまく表現できない。そもそも何のためにそのタスクをこなしているのかわからなかったりする。極端な場合にはOKRを設定してみる過程で、ずっと続けてきたタスクが実は要らないものだったことがわかったりする。

目標への理解とそれに向かう姿勢が求められているというのは、実はスタートアップに限らない。大企業でも同じだ。顧客のニーズが多様化し、マーケットへの投入もスピード重視になる中、どんな組織でもぶれることは許されない。それこそ一日一日何をするかが全社員に問われる。長年事業を展開し続ける中で、本当は形骸化しているにもかかわらず、惰性で継続している仕事もあるだろう。それもOKRで改めて価値を問われることになる。

私が支援している企業で、ある部署をOKRの対象外とするべきではないかと議論になったことがあった。その部署は他部署のサポートを行っており、自らが目標を持つのではなく、他部署からの依頼で動く。だから、自らは目標を立てられないという理由だ。しかし、サポートのやり方は進化させられるし、サポートを受けている部署の目標に貢献することになるので、ＯＫＲが設定できるはずだ。そのように働きかけ、ＯＫＲを用意してもらった。結果、その部署もより目的意識を持って仕事に臨めるようになったようだ。

よく「時間がない」という言い訳を聞く。言い訳と言い切ってしまうのは厳しすぎるかもしれないが、実際、そのように言うのは言い訳にすぎない。時間はどんな人にも平等に与えられている。学生であっても、新社会人であっても、中堅社員であっても、幹部社員であっても、1年は365日で、1日は24時間だ。その限られた時間を何に使うかを決めるのは自分だ。時間がないというのは、そのタスクを自分が優先していなかったということにすぎない。本当に大事だと思うタスクならば、優先度を上げ、それに時間を割けばよいのだ。

この「時間がない」という言い訳は、個人的なタスクを遂行できなかったときに使うことが多い。たとえば、英語の勉強や健康維持のための定期的な運動などだ。つい目の前の締め切りが近いタスクに時間を割いてしまい、英会話スクールに行けなかったとか、週3日の予定だったジョギングが週に一度や2週に一度になってしまったなどはよく聞く話だ。だが、これも目の前のタスクを自分が優先させていたにすぎない。個人の長期的な目標のために英語が必要ならば、きちんと時間を割くべきだし、健康維持が何よりも大切ならば、目の前のタスクがあっても朝夕にジョギングできるようにすべきだ。

個人的なタスクが失敗しがちな理由はその優先度を上げずに時間を確保しないということだけが理由ではない。進捗が見えづらいためにモチベーションが維持できないことも、タスクを継続する阻害要因だ。ジョギングをし始めたはいいが、走るのが全然楽にならないし、体重も減らない。走り始めたものの挫折してしまうのはたいていこんな理由だ。

タスクの優先度を明確にし、継続するためのモチベーションを維持するために、実はOKRが役に立つ。ここではあえて仕事と関係ない例を挙げたが、「何のためにやるのか」を自らに問うことで目標を明確にし、その成果を測るための結果を用意する。そして、定期的なチェックを行うようにするのが良い。定期的なチェックでは、金曜日のウィン・セッションのように自分を褒め、次週に向けて鼓舞するように工夫するとよいだろう。ダイエット中であっても、自分へのご褒美として少しのスイーツを食べるなどは良いアイデアだ。

賛否両論あるかもしれないが、個人的にお勧めなのが家族関係、特に夫婦関係の改善や維持のためにOKRを使うことだ。あえて夫婦関係の意味を考えるきっかけになるかもしれないし、結果として考えるものを本書のお勧めに従ってポジティブな形で記せば（そしてもちろんそれを達成する）マンネリズムなどには陥らないだろう。ただし、OKRのようなビジネス手法を家庭に持ち込もうとして喧嘩になったとしても責任は取れないが……。

家庭へのOKR導入はドラスティックな提案だが、個人の能力開発や個人プロジェクトの目標管理にOKRが向いていることは間違いない。もし、みなさんの会社でのOKR導入が難しいならば、まずは自分や自分の周りからだけでも始めてみることをお勧めしたい。

目標を改めて見つめ直し、その達成に向けてのアクションと進捗を可視化するフレームワークであるOKRはみなさんの物事への取り組みを劇的に変化させるだろう。本書がみなさんのOKR活用時のバイブルとして愛されていくことを期待したい。

1. ______________________________

____

2. ______________________________

____

3. ______________________________

…______________________________

週間進捗

今週、プロジェクトを実現するために実行したことは何だろうか。これを、計画ミーティングやメールで毎週設定し、共有しよう。

メモ：この部分は状況報告ミーティングとメールによるレポートに転記される。まず、四半期の第1週の内容を書いて練習してみよう。

P1：______________________________

____

P1：______________________________

____

P1：______________________________

____

P2：______________________________

____

P2：______________________________

____

このワークシートが、OKRについて考える一助になると幸いだ。

詳しくは、http://eleganthack.comを参照。

※付録は222ページから始まります。

・他部門のサポートなしで達成できる内容か（他部門に足を引っ張られてOKR未達成になるのは避けたい）。
・真の意味での結果になっているか。結果を得るタスクになっていないか。「価格ページをローンチする」はただのタスクで、「問い合わせコンバージョン率12％以上の価格ページをローンチする」は結果だ。
・CEOは、部門目標に3カ月かかると思うか、KRが成功する確率が50％になっていると思うか、確認する必要がある。

個人OKR

この四半期に全社OKRをサポートするため、**個人として**設定する目標と3つのKRは何か。たとえば、新しいスキルを学ぶ、良い人材を採用する、個人で携わっている目標で結果を出すなどが考えられる。

戦術

ゴールを設定したら、ゴールを実現するための戦術に集中しよう。

各OKRを実現するためには、どのようなプロジェクトが必要だろうか。これがロードマップになる。ここにそれらの困難なタスクを挙げよう。いくつ挙げてもかまわない。また、OKRを達成するために、四半期の中で何回順序を変更してもよい。OKRは戦略なので変化しないが、プロジェクトと優先順位は戦術なので変化する。ここでプロジェクトの価値を検証しよう。

はなく、みんなで一緒に設定することが大切だ。

O（目標）：

四半期目標の指標

年間目標を達成したと判断するための3つの指標を挙げよう。

リマインダー：指標は終わったら完了マークを付けるようなタスクではなく、あるタスクがどれだけ効果的に変化を起こせるかによって上下する数値だ。たとえば、「サインアップ率10％上昇」はよいKR、「新しいサインアップ・フローをローンチする」は悪いKRだ。ローンチはタスクであって、指標ではない。

KR：

KR：

KR：

- 四半期目標は人を鼓舞する、やりがいがあるものになっているか。KRは厳しいか。各KRを達成できる自信度は50％になっているか。
- 達成するために本当に3カ月かかるか。
- 従業員全員の取り組みをひとつにまとめる内容になっているか。

部門OKR

全社OKRを支えるために、どのような目標と3つのKRを設定するか（部門や機能、つまりマーケティング、エンジニアリング、プロダクト、デザインなどについてそれぞれ考えよう）。

期OKRのみを設定してもよい。

O（目標）：＿＿＿＿＿＿＿＿＿＿＿＿＿＿＿＿＿＿＿＿＿＿＿＿

＿＿＿＿＿＿＿＿＿＿＿＿＿＿＿＿＿＿＿＿＿＿＿＿＿＿＿＿＿

＿＿＿＿＿＿＿＿＿＿＿＿＿＿＿＿＿＿＿＿＿＿＿＿＿＿＿＿＿

年間目標の指標

年間目標を達成したと判断するための3つの指標を挙げよう。
リマインダー：指標は終わったら完了マークを付けるようなタスクではなく、あるタスクがどれだけ効果的に変化を起こせるかによって上下する数値だ。たとえば、「サインアップ率10％上昇」はよいKR、「新しいサインアップ・フローをローンチする」は悪いKRだ。ローンチはタスクであって、指標ではない。

KR：＿＿＿＿＿＿＿＿＿＿＿＿＿＿＿＿＿＿＿＿＿＿＿＿＿＿

KR：＿＿＿＿＿＿＿＿＿＿＿＿＿＿＿＿＿＿＿＿＿＿＿＿＿＿

KR：＿＿＿＿＿＿＿＿＿＿＿＿＿＿＿＿＿＿＿＿＿＿＿＿＿＿

- 年間目標は人を鼓舞する、やりがいがあるものになっているか。KRは厳しいか。各KRを達成できる確率は50％になっているか。
- 達成するために本当に1年かかるか。
- 従業員全員の取り組みをひとつにまとめる内容になっているか。

四半期目標

会社のミッションに向けたひとつの大きな目標を挙げよう。3カ月かかるもので、達成できる自信度が50％でなければならない。チームからアイデアを集めよう。OKRを効果的に使うには、上から命じるので

OKRワークシート

会社のミッション

御社のミッションは何か。ミッションがすでにあることが望ましい。OKRはミッションの線路を走る電車のようなものだからだ。ミッションがなければ、OKRはどこに向かうかわからない（どこにも向かわない可能性のほうが高い）。ミッションがない場合、時間をとってシンプルなミッションを設定しよう。ミッションがある場合、思い出すためにここに書き出そう。

OKRの数

業務内容が多岐にわたる大企業の場合（たとえば、グーグルには相互に本質的な関連性がない検索、SNS、自動運転車などの部門がある）、ビジネスモデルごとにOKRを設定する。しかし、それらのOKRはできれば全社OKRの役に立つものにすべきだ。

小さい企業では全社でひとつのO（目標）、3つのKR（主な結果）のみに絞り、その後各部門が、全社OKRを実現するために独自のOKRを設定するべきである。忘れないでほしい。**フォーカスしよう。**

年間目標

今年のテーマはどのような内容にするか。定着率だろうか。ブランド認知だろうか。顧客獲得だろうか。会社として達成したい大きな目標をひとつだけ挙げるとすると何だろう。それが年間目標だ。ただし、短いサイクルをすばやく繰り返す小企業では、年間OKRを飛ばして、四半バランスを欠いている可能性がある。売り上げにのみ注目すると、従業員がシステムをゲームのように攻略しようと考え、短期的なアプローチを開発して顧客定着率を損なうおそれがある。

5 **値を設定する。** KRの値を設定する。本当に“ムーンショット”ゴールになっているかどうか確認しよう。達成できる自信は五分五分でなければならない。互いの案に対する懸念を出し合おう。簡単すぎないだろうか。慎重になりすぎていないだろうか。あまりに無鉄砲ではないだろうか。議論すべきは今であって、四半期の中盤を過ぎてからではない。

6 **作業を評価する。** 最後に、5分間で最終的なOKRについて話し合おう。高い志を示し、人を鼓舞するようなOになっているだろうか。KRは意味のある内容になっているだろうか。難しいだろうか。四半期の間ずっと、このOKRを生活の一部にできるだろうか。

適切だという感触を得るまで微調整しよう。**それから、OKRを生活の一部にしよう。**

めの指標をできるだけ多く書き出してもらう。

フリーリスティングはデザイン思考の手法で、あるトピックについてのアイデアを、思いつく限り書き出すというシンプルなものだ。1枚の付箋紙にひとつのアイデアを書く（小さな付箋を使うことをおすすめする）。フリーリスティングはブレインストーミングの非常に効果的な手法で、アイデアの質と多様性も上がる。チームには、落ち着いて取り組める長めの時間を割り振る。ひとつの目標につき10分くらいが適切だ。

4 **アフィニティ・マッピングを行い、選定する。**次に、書き出した指標についてアフィニティ・マッピングを行う。これもデザイン思考の手法で、内容が似ている指標の付箋紙をグループ化するという意味だ。2人がDAU（1日あたりのユーザー数）について書いていたら、それらを重ねて貼り、その指標に2票入ったと数える。DAU、MAU（1カ月あたりのユーザー数）、WAU（1週間あたりのユーザー数）はすべてエンゲージメントに関する指標なので、隣同士に配置する。最後に、3つのタイプの指標を選ぶ。

私はKRについて、「○ドルの売り上げ」「○件の新規獲得」「○人のDAU」のような形で、文頭に数字を書くようにしている。KRの決定に当たっては、まず測定対象を決めるために話し合い、それから各測定対象の値と、その値が本当に“ムーンショット”と言えるくらい高い目標なのかどうかを話し合ったほうがやりやすい。ひとつずつ決めていこうが私のモットーだ。

ひとつの目安として、KRに使用率指標、売り上げ指標、満足度指標を設定することをおすすめするが、もちろんこれが必ずしも適切とは限らない。成功を測定する方法をさまざまな角度で見つけてみよう。たとえば、売り上げ指標が2つある場合、成功へのアプローチが

2つ考えてミーティングに臨んでもらう。

小道具を用意する。多様な大きさの付箋を用意して、目標には大きい付箋を使うことをおすすめする。細かい字は読みにくいからだ。

ミーティングを開く

メモ：後半の2時間のセッションをキャンセルするという裏の目標を達成するために、ミーティングでは集中力を維持しよう。できれば電話とコンピューターの利用は完全に禁止する。そうすることで、参加者は議題に注意を払い、迅速に動くようになる。

1 **目標を追加する。**従業員から提出された目標を書いた付箋紙は、あらかじめホワイトボードなどに貼っておく。各チームメンバーの目標を大きな付箋に書いてもらい、追加する。集中と迅速な作業を促すため、制限時間は必要と思われる時間より少々短めに設定する。たたき台として適切なのは5分。必要に応じていつでも延長できる。

2 **討論し、目標をランク付けし、選ぶ。**チームに、内容が重複する目標を統合させ、特定のゴールに対する懸念を示すパターンを見つけさせる。次に、ランク付けした目標の付箋紙を上から順に貼っていく。最後に、付箋紙を3枚に絞る。

メモ：スピードはチームによって異なる。ここまで終わった時点で、そろそろ休憩に入るタイミングかもしれないし、まだ1時間残っているかもしれない。

3 **指標のフリーリスティングを行う。**絞った3つの目標のそれぞれについて、チームのすべてのメンバーに、その目標を測定するた

付録
デザイン思考を使ったOKR設定ミーティングの進め方

イントロダクション

OKRの設定は難しい。自社をつぶさに観察し、厳しい話し合いを行い、企業としての目標を設定しなければならないからだ。経営幹部とのOKR設定ミーティングの進め方を紹介しよう。

チームを選ぶ

OKR設定チームはできるだけ小さく、できれば10人以下の規模にする。上級経営幹部を入れること。

ミーティングのスケジュールを決める

チームとのミーティングの時間を4時間半確保する。2時間のセッション、30分の休憩、もう2時間のセッションで構成する。

メモ：裏の目標は、最初の2時間のセッションで成果を上げて、後半のセッションをキャンセルすることだ。

ミーティング前の仕事

ミーティングの数日前に、会社が集中して取り組むべきだと思う目標をすべての従業員に提出してもらう。締切はごく短くする。24時間もあれば十分だ。ペースを落としたくないし、忙しい会社の「あとでやる」は「いつまでもやらない」と同じだからだ。

従業員からの目標案をコンサルタントか各部門長に集めさせ、最良で人気がある目標を選ばせる。選んだ目標をミーティングの前に大きめの付箋紙に書き出しておく。

従業員の目標案だけでなく、各経営幹部にもそれぞれ目標をひとつか

著者紹介

クリスティーナ・ウォドキー（Christina Wodtke）

ウォドキー・コンサルティングのプリンシパルとして、企業を洞察段階から実行段階に移行するためのトレーニングを行っている。また、カリフォルニア美術大学とスタンフォード大学夜間講座で、次世代のアントレプレナーを対象に教鞭をとっている。

これまで、リンクトイン、マイスペース、ジンガ、ヤフー、ホットスタジオ、イー・グリーティングスなどの企業の再設計と初期製品の販売を主導。さらに、コンサルティングスタートアップを2社、製品スタートアップを1社設立し、デザインを扱うオンラインマガジン、ボックシズ・アンド・アローズを創刊した。インフォメーション・アーキテクチャ・インスティチュートの共同創業者でもある。

カンファレンスから大学、理事会まであらゆる場所で発言し、インターネット上の多くのサイト、特にeleganthack.comで持論を展開している。

著書

101 Theses on Design（デザインに関する101の仮説）
Information Architecture: Blueprints for the Web

訳者紹介

二木 夢子（ふたき　ゆめこ）

国際基督教大学卒。ソフトハウス、産業翻訳会社勤務を経て独立。マニュアルやプレスリリースなどの翻訳を手がける傍ら、出版翻訳に携わる。

解説者紹介

及川 卓也（おいかわ　たくや）

早稲田大学理工学部を卒業後、日本DECに就職。営業サポート、ソフトウエア開発、研究開発に従事し、1997年からはマイクロソフトでWindows製品の開発に携わる。2006年以降は、GoogleにてWeb検索のプロダクトマネジメントやChromeのエンジニアリングマネジメントなどを行う。その後、スタートアップを経て、独立。現在、企業へ技術戦略、製品戦略、組織づくりのアドバイスを行う。

OKR《オーケーアール》

シリコンバレー式で大胆な目標を達成する方法

2018年3月19日　　第1版第1刷発行

著　者	クリスティーナ・ウォドキー
訳　者	二木 夢子
解　説	及川 卓也
発行者	村上 広樹
発　行	日経BP社
発　売	日経BPマーケティング 〒105-8308　東京都港区虎ノ門4-3-12
装　幀	小口翔平＋三森健太(tobufune)
編　集	中川 ヒロミ
制　作	アーティザンカンパニー株式会社
印刷・製本	大日本印刷株式会社

本書籍に関するお問い合わせ、ご連絡は下記にて承ります。
http://nkbp.jp/booksQA

ISBN978-4-8222-5564-0　2018 Printed in Japan